Leonardo da Vinci

*Sherwin B. Nuland*

# LEONARDO
# DA VINCI

BALANS BIOGRAFIE

Uitgeverij Balans 2002
A Lipper/Viking Book
Oorspronkelijk uitgegeven in de Verenigde Staten in 2000,
onder de titel *Leonardo da Vinci* door Viking Penguin
Copyright © Sherwin B. Nuland, 2000
Published by arrangement with Lipper publications L.L.C.
and Viking Penguin, a member of Penguin Putman Inc.
Copyright © Nederlandse vertaling Uitgeverij Balans 2002
Vertaald uit het Engels door Fred Hendriks
Typografie Adriaan de Jonge
Omslagontwerp De Leeuw Ontwerper(s)
Illustratie omslag Leonardo da Vinci, zelfportret, omstreeks
1516, rode krijttekening

www.uitgeverijbalans.nl
isbn 90 5018 578 9
nugi 642

Uitgeverij Van Halewyck, Leuven
ISBN 90 5617 391 X
D/2002/7104/5

Voor mijn twee Italianen:
Salvatore Mazza en mijn broer, Vittorio Ferrero

In de *Balans Biografieën* geven talentvolle en internationaal gerespecteerde auteurs hun persoonlijke visie op de essentie van het leven van beroemde personen uit de wereldgeschiedenis. Gepassioneerde schrijvers schrijven over gepassioneerde individuen.

Deze serie van korte biografieën verschijnt gelijktijdig in Engeland (Weidenfeld & Nicolson) en de Verenigde Staten (Viking Penguin) onder de naam *Penguin Lives* onder eindredactie van James Atlas.

Sherwin B. Nuland is als klinisch hoogleraar in de chirurgie verbonden aan Yale University in de Verenigde Staten, waar hij ook doceert in de geschiedenis van de geneeskunde en in bio-ethiek. Hij schreef verschillende (bekroonde) boeken over medische en historische onderwerpen. Zijn bekendste publicatie is *Hoe wij sterven* (1995) waarmee hij de National Book Award for Nonfiction won. Nuland woont in Hamden, Connecticut.

# Inhoud

9

# HOOFDSTUK I

# Op zoek naar de mens

Al meer dan zeven jaar was ik volkomen in de ban van het le- ven van Leonardo da Vinci toen ik eens een pelgrimstocht heb ondernomen naar het huis waar hij geboren werd. Althans dat dacht ik.

Het was 1985, en mijn vrouw Sara en ik waren in Florence. Op de tweede ochtend van ons verblijf in de stad besloten we spontaan een bezoek te brengen aan Vinci, waar geen van ons beiden ooit eerder was geweest.

Aangezien we niet precies wisten hoe we er moesten komen, begonnen we onze reis uiteraard bij het Museo di Storia della Scienza. Omdat het museum gesloten was, klopte ik op de massieve houten deur en tot mijn verbazing werd deze op een kiertje opengedaan door een vrouw die me eerst uitvroeg en vervolgens naar binnen ging om de *direttore* om advies te vragen. Al snel keerde ze terug met haar baas, en op zijn aanwijzingen zaten we vlak daarna in de trein naar Empoli, ongeveer twaalf kilometer verderop. Vandaaruit bracht een korte busreis ons naar Vinci. Vinci bleek een stadje als alle andere in die contreien, behalve dat het een klein museum bezat waarin modellen stonden tentoongesteld van machines die op Leonardo's ontwerpen waren geïnspireerd. En er was nog iets. Grote borden wezen ons de weg naar La Casa Natale di Leonardo – het geboortehuis van deze grote man – op een afstand van drie kilometer gaans. De borden vertelden er niet bij dat die drie kilometer straf bergopwaarts gingen. Toen we na een fikse beklimming de top hadden bereikt, werden we beloond met de aanblik van een groot stenen gebouw, duidelijk stammend uit de Renaissance. We hadden het geboortehuis bereikt.

Vreemd genoeg overviel Sara noch mijzelf het gevoel van verrukking dat we hadden verwacht. Het gebouw had slechts één grote kamer met een stenen vloer en een brede haard aan het uiteinde. Een oud vrouwtje verkocht er ansichtkaarten. Verder viel er niets te zien. Ik weet niet precies wat we hadden verwacht, maar het was er in ieder geval niet.

Een paar andere toeristen dwaalden doelloos door de ruimte en keken al net zo teleurgesteld als wij. Om Sara een plezier te doen deed ik alsof ik erg enthousiast was, en Sara deed hetzelfde voor mij, maar dat haalde allemaal niets uit. Ik had veel moeite gedaan om het geboortehuis van mijn held te bezoeken, maar al mijn inspanningen hadden tot een anticlimax geleid. Maar goed, het wás zijn geboortehuis, ook al hadden die kale, oude stenen ons niets te zeggen. Aanvankelijk wilden we niet teruggaan. Ik vermoed dat we toch ergens een greintje hoop koesterden dat een van ons beiden alsnog de geest zou krijgen op deze plek. Toen na twintig minuten duidelijk werd dat dit niet zou gebeuren, besloten we toch maar weg te gaan. We wilden zo snel mogelijk terug naar het stadje en vroegen een Duitse toerist om een lift in zijn Mercedes. De hoopvolle verwachtingen die we tijdens de heenweg koesterden, waren nu resoluut de grond ingeboord. De tocht bergafwaarts naar Vinci was ronduit deprimerend. 1984 was een erg droog jaar geweest. De olijfbomen waren kaal en dor, het gras was verschrompeld, de aarde verschroeid en bijna zanderig. Het was moeilijk voor te stellen dat dit de plaats was waar de blonde Leonardo als kind zijn hart ophaalde aan de overweldigende schoonheid van de levende natuur om hem heen terwijl hij ronddartelde over de welige akkers en velden.

Maar het ergste moest nog komen. Veel later kwam ik er door mijn studie en mijn gesprekken met mijn Italiaanse vrienden achter dat eigenlijk helemaal niemand weet waar Leonardo geboren is. Zijn geboortehuis staat misschien zelfs niet eens in Vinci. Volgens sommigen is hij geboren in het nabijgelegen Anchiano en pas na een aantal jaren, of misschien maanden, naar Vinci gebracht. Het huis dat Sara en ik bezocht hebben, is mogelijk het geboortehuis van Leonardo geweest, maar voor hetzelfde geld ook niet. En om de verwarring nog groter te maken: we kwamen er later achter dat we tijdens die vermoeiende wandeling Vinci in feite verlaten hadden en op het grondgebied van Anchiano waren aangekomen. Bovendien beweren ze daar in Anchiano dat La Casa Natale di Leonardo pure verlakkerij is om lichtgelovige toeristen om de tuin te leiden.

Wie Leonardo op die plaats zoekt, zal hem niet vinden. In feite is hij nergens vindbaar, waar men ook zoekt. Hij onttrekt zich aan plaatsen of monumenten, of zelfs aan tijd. Als een bliksemflits schoot hij door het firmament van zijn eigen tijd en toen hij verdwenen was, liet hij een enorme nalatenschap achter die, met uitzondering van zijn schilderijen, pas eeuwen later volledig op waarde zou worden geschat, ver weg van het huis waarin hij vrijwel zeker niet is geboren. De eminente geleerde Ladislao Reti uit Vinci liet zich inspireren door het beroemde citaat van Freud: 'Hij was een man die midden in de nacht ontwaakte, terwijl de anderen nog vast in slaap waren,' om erop te wijzen hoeveel van Leonardo's manuscripten in die duisternis zijn verdwenen. Pas vrij onlangs zijn enkele daarvan weer boven water gekomen, waardoor er meer licht op het raadsel van zijn genie werd geworpen. Toch blijft hij, voor altijd, precies wat Reti hem noemde: de onbekende Leonardo.

Leonardo was een mens van ideeën. In bepaalde opzichten is hij ongrijpbaar, in andere opzichten staat hij ons zo na dat zijn stem ons gemakkelijk bereikt. We weten veel meer van zijn denken en de grote veelzijdigheid van zijn genie dan van de feitelijke gebeurtenissen en omstandigheden van zijn leven. Maar zelfs zijn denken blijft altijd wat onduidelijk voor ons. Sir Kenneth Clark noemt hem zeer toepasselijk: 'de man met de meest onverzadigbare nieuwsgierigheid in de geschiedenis'. Voor ons is hij de historische figuur die we met de meest onverzadigbare nieuwsgierigheid trachten te doorgronden.

Zoals wij onze beperkingen hebben waardoor we Leonardo uiteindelijk nooit echt zullen kennen, zo had ook Leonardo zijn beperkingen waardoor hij de natuur nooit kon doorgronden. Hij had zich ten doel gesteld alle kennis over de natuur te systematiseren, maar doordat hij niet beschikte over de instrumenten, de wiskundige kennis en de experimentele methoden uit later tijd, kon hij geen weet hebben van de richting die hij moest inslaan om dat doel te bereiken. Daarom sloeg hij maar alle richtingen tegelijk in, en het is verbazingwekkend hoeveel hij heeft kunnen bereiken zonder de technologieën en kennis die moderne onderzoekers ter beschikking staan. Hij heeft, zowel bij zijn tijdgenoten als bij ons, altijd blootgestaan aan de kritiek dat hij de meeste dingen waaraan hij begon, nooit afmaakte. Maar had hij dan enige keus, althans in zijn wetenschappelijke werk? De kennis en technologie van zijn tijd schoten schromelijk tekort om de diepgang van zijn denken te kunnen bijhouden. Als beide in die tijd verder ontwikkeld waren geweest, zou Leonardo's geest in de werkelijkheid net zulke hoogten hebben bereikt als nu in zijn ideeën en verbeeldingskracht. Kenneth Keele, de meest vooraanstaande autoriteit op het gebied van Leonardo's anatomische studies, stuurde me eens een alinea op die hij had overgenomen uit een brief aan een gemeenschappelijke vriend. Hij beschreef hierin enkele gedachten die bij hem waren opgekomen tijdens zijn onderzoek van enkele van Leonardo's manuscripten:

'Bladzijde na bladzijde ben ik gefascineerd door zijn intelligente vragen en antwoorden. Maar hoe intelligent en hoe briljant van intuïtie de vragen ook zijn, vaak realiseer ik me dat de antwoorden erop noodgedwongen fouten bevatten omdat er fundamentele kennis ontbreekt. Hierdoor krijgt mijn verhaal automatisch een wat treurig karakter. En hoe meer Leonardo worstelt in zijn kluisters van onwetendheid, hoe droeviger het verhaal wordt, vooral omdat hij weliswaar vaak zijn ketenen verbreekt, maar nooit kan ontsnappen. Ik vraag me of wij tegenwoordig op een aantal terreinen (zoals sociologie, psychologie en thanatologie) niet in eenzelfde treurige toestand verkeren doordat we vastgeklonken zitten in minstens net zo sterke ketenen, die we niet kennen of zelfs maar bemerken.'

Maar ook wij kunnen vandaag de dag niet weten of zelfs maar vermoeden welke ketenen en obstakels ons beperken bij exacte wetenschappen als fysica en astronomie, laat staan bij de wat wolliger terreinen waar Keele over sprak. Net zomin kon Leonardo weten hoe de vijftiende-eeuwse opvattingen zijn mogelijke prestaties beperkten. In zijn ogen waren er geen beperkingen of onmogelijkheden: met noeste arbeid en onophoudelijke toewijding zou hij alle raadsels kunnen oplossen. 'God verkoopt ons al het goede, als we maar betalen met hard werken,' schreef hij in navolging van Horatius. Maar hij zat ernaast (net als Horatius), en niet alleen omdat zijn ideeën hun tijd ver vooruit waren. Hoewel hij zijn tijd ontgroeid was, bleef hij toch ook een kind van zijn tijd. Hij zat vast aan bepaalde diepgewortelde vooroordelen die hem op een verkeerd spoor zetten bij enkele van zijn interpretaties. Onbewust was hij beïnvloed door opvattingen van zijn voorgangers en beperkt door de geest van de Renaissance. De vrijheid en openheid van geest die altijd aan dat tijdvak worden toegeschreven, bestonden alleen maar in vergelijking met de tijd daarvoor. Leonardo had beter kunnen gedijen in de zeventiende of misschien de twintigste eeuw, en niet alleen vanwege de tijdgeest, maar ook omdat de kennis groter en de vooroordelen geringer waren. Maar het is niet anders. Net als Keele voelen wij droefenis wanneer we stilstaan bij de onontgonnen reikwijdte van zijn intellect.

Maar ondanks de beperkingen van die onvermijdelijke ketenen bezat Leonardo een moderne geest. Hij was het eerste grote genie van onze moderne tijd. Zoals iedere ware wetenschapper uit elk tijdvak had hij zijn onderricht gehad van de natuur; hij was vastbesloten zich nooit bewust te laten leiden door opvattingen uit het verleden. Ongewild sloop het verleden af en toe binnen in de interpretaties van zijn waarnemingen, maar dat neemt niet weg dat hij er wel degelijk naar streefde zijn observaties in alle objectiviteit te doen. In zijn geschriften refereert hij maar zelden aan de grote mannen uit de Oudheid. Met alle kracht vocht hij tegen de onzichtbare verleidingen van zijn intellectuele erfgoed en hij kwam veel vaker als winnaar uit die strijd tevoorschijn dan als verliezer. 'Iedereen die in een debat vertrouwt op de autoriteit van een ander, gebruikt niet zijn verstand maar zijn geheugen,' schreef hij eens. Uiteindelijk vertrouwde hij alleen op de waarnemingen van zijn eigen onderzoek. De foutieve interpretaties die onvermijdelijk zijn werk binnenslopen, waren het gevolg van een traditie die zo algemeen werd geaccepteerd dat zelfs een genie als Leonardo zich er niet geheel aan kon onttrekken.

Leonardo is vaak de ultieme renaissancemens genoemd, maar in feite is dat slecht ten dele waar. Leonardo was de belichaming van de liefde voor het leven en de natuur, het centrale thema van het humanisme. Tegelijkertijd stelde hij zich echter onafhankelijk op tegenover de antieke bronnen en de heilige wetenschappelijke dogma's van de ouden.

'Mensen die de ouden bestuderen en niet de werken van de natuur,' schreef hij, 'zijn stiefzonen, geen zonen van de natuur, de moeder van alle goede onderzoekers.' Hij was de eerste die de opvattingen van Aristoteles, Ptolemaeus, Galenus en anderen benaderde als leerstellingen die getoetst en aangevochten moesten worden in plaats van geaccepteerd en bevestigd. Zijn referentiekader lag echter in hun geschriften, waardoor hij toch een feilbaar mens van zijn tijd was. Enkele van zijn grootste vergissingen en gemiste kansen kwamen voort uit het klassieke denken waaraan hij zich niet kon onttrekken. Zijn astronomie was grotendeels ptolemeïsch van aard en zijn fysiologie galenisch. Maar wanneer zijn objectiviteit hem tot een andere zienswijze dwong en hij 'volkomen doordrongen raakte van de oneindige werken van de natuur', aarzelde hij niet daar melding van te maken. Daarom vinden we in zijn aantekeningen zulke, voor die tijd verbijsterende, opmerkingen als: 'De zon staat stil.' Aangezien hij zich uiteindelijk ten doel had gesteld de erfenis van vroeger tijden ter discussie te stellen en slechts de waarheid van zijn eigen ervaring te accepteren, was hij in staat nieuwe paden te bewandelen in gebieden waarvan zijn tijdgenoten dachten dat ze allang correct in kaart waren gebracht.

De grondslag voor Leonardo's onderzoek is de experimentele methode, een benaderingswijze die volgens velen pas in de zeventiende eeuw werd geïntroduceerd en als sleutel tot de zogenaamde wetenschappelijke revolutie werd gezien. Maar Leonardo was al ontwaakt uit de duisternis. Als hij nog tweehonderd jaar langer in bed was blijven liggen, zou hij minder gebonden zijn geweest aan het verleden en had hij kunnen profiteren van veel meer technologie en kennis. Waarschijnlijk had hij dan een erfenis nagelaten die op zijn minst kon wedijveren met die van Kepler, Galileo, Harvey en zelfs Isaac Newton.

Dit is de Leonardo da Vinci die mij al die jaren heeft gefascineerd. De grootsheid van zijn artistieke gaven en de pracht van zijn schilderijen zijn alom bekend. Hij leefde per slot van rekening in een tijd waarin kunstzinnige prestaties door zowel de aristocratie als het gewone volk werden gewaardeerd. Giorgio Vasari, die een generatie later als een kunstenaar over kunstenaars schreef, heeft een onvergetelijk beeld van Leonardo geschetst: 'Werkelijk bewonderenswaardig en met goddelijke talenten begiftigd. Hij had een wetenschapper kunnen zijn als hij niet zo veelzijdig was geweest. Door zijn rusteloos karakter pakte hij echter veel dingen op en liet ze daarna weer vallen.' Deze woorden, uit de editie van 1568 van Vasari's *Le Vite de' piu eccelenti Pittori, Scultori, e Architettori*, zijn geschreven ver voordat enig begrip voor Leonardo's wetenschappelijke prestaties mogelijk was. Net als zoveel van zijn tijdgenoten meende Vasari dat Leonardo een veel productiever kunstenaar had kunnen zijn als hij zijn tijd niet had verkwist aan wetenschappelijke uitstapjes. Maar wat Vasari als rusteloosheid betitelde, was in feite een innerlijke drang om terug te keren naar zijn wetenschappelijke werk, dat volgens Leonardo te vaak werd overschaduwd door het meer praktische probleem dat hij schilderijen moest maken om zijn brood te verdienen. Er waren lange perioden waarin hij zelfs maar moeilijk tot schilderen kwam. Zo probeerde Fra Pietro di Novellara, algemeen vicaris van de karmelieten, in een brief van april 1501 aan de ongeduldige Isabella d'Este uit Mantua uit te leggen waarom een besteld schilderij niet op tijd kon worden geleverd: 'Zijn wiskundige experimenten nemen hem zo in beslag dat hij niet in staat is een schilderkwast ter hand te nemen.' Er waren maar weinig collega's en beschermheren die een dergelijke houding begrepen. Hoewel Vasari grote bewondering had voor de anatomische studies, dacht hij dat Leonardo's erfgenaam, Francesco Melzi, deze tekeningen alleen maar 'koesterde als aandenken', want dat was de enige waarde die eraan werd toegekend.

Tegenwoordig weten we beter. We weten dat Leonardo zijn anatomische studies weliswaar aanvankelijk maakte om zijn artistieke vaardigheden te vergroten, maar na verloop van tijd werden ze een doel op zichzelf en uiteindelijk zelfs een van de voornaamste inspanningen waarop zijn genie zich richtte. We weten bovendien dat hij ook op dit gebied zijn tijd zo ver vooruit was dat hijzélf de koers die hij had uitgezet, niet eens op waarde wist te schatten. Medisch geschiedkundige Charles Singer zei over hem: 'Zijn anatomische aantekenboeken... laten zien wie hij werkelijk was: een van de grootste biologische onderzoekers aller tijden. In ontelbare kwesties lag hij eeuwen voor op zijn tijdgenoten.' En we weten nog iets: hoe beter de manuscripten van Leonardo worden bestudeerd, hoe meer duidelijk wordt dat hij niet op de eerste plaats een uitmuntend kunstenaar was, maar een wetenschapper die via zijn vaardigheden en opdrachten als kunstenaar en uitvinder zijn fascinatie voor de natuur tot uitdrukking kon brengen.

Ik ben echter niet alleen gefascineerd door Leonardo's prestaties op het gebied van de anatomie; ook zijn ongrijpbaarheid houdt mij in de ban. De moeizame wandeling naar de top van een steile heuvel in Vinci of Anchiano om vervolgens niet meer dan een 'misschien' aan te treffen lijkt symbolisch voor het probleem waarmee zowel de professionele Leonardo-onderzoekers als de rest van ons worden geconfronteerd. Het is moeilijk te achterhalen wie hij was. De data, de feiten, de bekende gebeurtenissen zijn te gering in aantal om te kunnen begrijpen hoe zo'n man kan hebben geleefd. Het raadsel van de glimlach van de *Mona Lisa* is niet kleiner dan het raadsel van de levenskracht van zijn schepper. Misschien is die glimlach wel Leonardo's ultieme boodschap aan de eeuwen na hem: Jullie zullen mij nooit volledig kunnen begrijpen; ook al heb ik nog zo persoonlijk tot jullie en mijzelf in mijn aantekenboeken gesproken, ik heb de belangrijkste dialoog slechts gevoerd in de diepten van mijn geest en in de ondoorgrondelijke bron die mij mogelijk heeft gemaakt; zoek zoveel jullie willen, dit zijn de gedachten die ik met jullie deel; de rest houd ik voor mezelf, want het was mijn bestemming dat ik dingen wist die jullie nooit zullen weten.

# HOOFDSTUK 2

# De eerste dertig levensjaren

## De vroege jaren, 1452 – 1482

Op een dag in het vroege voorjaar van 1452 noteerde een welvarende tachtigjarige grootgrondbezitter enkele details over een recente, bijzondere familiegebeurtenis: 'Er is een kleinzoon van mij geboren, de zoon van mijn zoon Ser Piero, op zaterdag 15 april om drie uur 's nachts. Hij heet Lionardo.' Daarna volgen de naam van de priester die de kleine jongen had gedoopt en een lijst van tien personen die bij de plechtigheid aanwezig waren geweest. Volgens onze huidige tijdrekening was het tijdstip van geboorte halfelf 's avonds.

De oude man, Antonio da Vinci, was een succesvol notaris geweest, net zoals zijn vader, grootvader en overgrootvader voor hem, en zijn zoon Ser Piero na hem. Zodoende legde hij al jaren lang trouw iedere belangrijke mijlpaal in zijn familiegeschiedenis vast. Dankzij deze goede gewoonte kennen we een van de weinige onbetwistbare feiten uit de eerste dertig jaar van het leven van een man, die volgens velen 'het grootste genie aller tijden' was. Leonardo's genialiteit was niet alleen gelegen in de diepgang van zijn inzichten en de omvang van zijn talenten, maar ook in het uitzonderlijke scala van terreinen waarop hij deze toepaste. Alles wat hij deed, benaderde hij met het enthousiasme van een amateur en de vakkundigheid van een professional; schilderkunst, bouwkunst, binnenhuisarchitectuur, techniek, wiskunde, astronomie, ballistiek, aëronautiek, optica, geologie, plantkunde, waterbouwkunde, stadsplanning en ten slotte het terrein waarop deze korte biografie zich voornamelijk richt: anatomie en de werking van de lichaamsdelen.

We weten dat Lionardo – of Leonardo – werd verwekt binnen een onwettige, gepassioneerde relatie, die waarschijnlijk meer op lust dan op liefde was gebaseerd. Zijn moeder was een meisje uit het stadje Vinci of uit een naburig dorp. We weten van haar niet veel meer dan haar naam, Caterina, en het feit dat ze later getrouwd was met een zekere Accattabriga di Piero uit Vinci, die als haar echtgenoot vermeld staat in de belastingregisters van 1457, toen zij samen in Anchiano woonden op een stuk land dat eigendom was van de familie van Ser Piero. Zoals eerder gezegd werd Leonardo volgens sommigen geboren in Anchiano. Anderen houden het op Vinci, waarbij één respectabele onderzoeker zelfs het geboortehuis exact meent te kunnen lokaliseren: 'een huis onder de zuidzijde van de rots van het kasteel van Vinci, in oostelijke richting'. Niemand weet het zeker, dus misschien vond de grote gebeurtenis inderdaad plaats in de ruïne die ik in 1985 heb bezocht.

We weten niets van Caterina's relatie met haar zoon. Waarschijnlijk heeft ze hem het grootste deel van zijn eerste levensjaar gevoed aangezien dat in die tijd de gebruikelijke gang van zaken was. Zijn naam komt wel voor op het belastingoverzicht van Antonio uit 1457: hij wordt daar vermeld als een vijfjarig lid van het gezin en gespecificeerd als 'onwettig'. Deze vermelding heeft tot veel speculatie geleid.

Een van de prominentste Leonardo-kenners, Edward McCurdy, schreef in zijn gezaghebbend werk *The Mind of Leonardo* (1928) dat het onderwerp van zijn studie niet alleen in Anchiano was geboren, maar dat 'hij daar ook zijn kinderjaren had doorgebracht'. Daarmee impliceerde hij – en hij staat daarin niet alleen – dat de kleine jongen bij zijn biologische moeder is gebleven tot vlak voor zijn inschrijving in het belastingregister van 1457. Hoewel dit niet meer dan een gissing kan zijn, sprak Freud hetzelfde vermoeden uit in zijn (in meer dan één opzicht) fantastische monografie uit 1910 over de relatie tussen Leonardo's libido en veronderstelde homoseksualiteit en zijn werk. Kenneth Keele heeft dezelfde veronderstelling geformuleerd. Anderen vermijden het onderwerp volkomen of omzeilen het behoedzaam, zoals de Britse wetenschapshistoricus Ivor Heart, die na een veertigjarige studie in 1961 tot de slotsom kwam dat 'Leonardo enkele jaren na zijn geboorte in [Ser Piero's] familie werd opgenomen'.

Vlak na de geboorte van zijn onwettige zoon trouwde de vijfentwintigjarige Ser Piero met een vrouw van goeden huize, Albiera di Giovanni Amadori. Dit huwelijk bleef echter ongewenst kinderloos. Diverse biografen stellen nu dat het echtpaar, na vijf jaar vruchteloos pogen een eigen kind te verwekken, besloot de kleine Leonardo op te nemen in het huishouden in Vinci, waar de hartelijke Albiera het jongetje als haar eigen zoon behandelde. In deze gedachtegang was hij dus in de cruciale jaren van zijn persoonlijkheidsontwikkeling het aanbeden, enige kind van de toegewijde en misschien al te liefhebbende Caterina. Als deze reconstructie klopt, had hij gedurende die eerste vijf jaren in feite ook geen vader.

Dit blijft echter allemaal giswerk. Voor hetzelfde geld werd de jongen naar zijn vaders huis gestuurd toen Caterina trouwde, wanneer dat dan ook gebeurd moge zijn. Of misschien verhuisde hij naar het grote huis in Vinci vlak nadat hij niet meer gezoogd hoefde te worden. Er zitten zo veel onzekerheden in het verhaal dat de ene veronderstelling net zoveel waard is als de andere. De aanname dat de jonge Leonardo de eerste vijf jaren van zijn leven alleen met zijn ongehuwde moeder heeft doorgebracht, sluit wel precies aan bij Freuds theorie over de oorsprong van homoseksualiteit. In deze zienswijze werd de jongen het enige object van de erotische binding die een kind normaal gesproken deelt met zijn vader; een liefde die in dit geval geïntensiveerd werd doordat de aandacht slechts op één persoon was gericht. In zijn monografie *Leonardo da Vinci: A Study in Psychosexuality* legt Freud deze theorie als volgt uit:

> Bij al onze mannelijke homoseksuelen was een zeer intense erotische binding met een vrouwelijke persoon aanwezig, in de regel met de moeder. Deze binding manifesteerde zich in de allereerste kinderjaren en werd later door het individu volkomen vergeten. De binding werd bevorderd door een te grote liefde van de moeder zelf, maar ook in de hand gewerkt door de terugtrekking of afwezigheid van de vader gedurende de kinderjaren. [...] De liefde voor de moeder kan zich niet op een bewust niveau blijven ontwikkelen [omdat dit te bedreigend is voor het kind] en wordt dus onderdrukt. De jongen onderdrukt de liefde voor de moeder door haar plaats in te nemen, door zichzelf met haar te identificeren en door zijn eigen persoon als model te nemen: in de keuze van zijn eigen object van liefde laat hij zich leiden door de gelijkenis met dat model. Zo wordt hij homoseksueel. In feite keert hij terug naar de fase van autoëroticisme, want de jongens van wie de opgroeiende jongeman nu houdt, zijn slechts substituten of herlevingen van zijn eigen kinderlijke persoon, van wie hij net zoveel houdt als zijn moeder van hem. We zeggen dat hij zijn object van liefde vindt via zijn narcisme. De Griekse mythologie kent immers het verhaal van de jongen Narcissus, die hevig verliefd was op zijn eigen spiegelbeeld en veranderde in een mooie bloem die zijn naam draagt.

Mogelijkerwijs spelen ook nog andere factoren, van biologische of empirische aard, een rol in het ontstaan van mannelijke homoseksualiteit. Ook Freud geeft toe: 'Het proces dat wij hebben onderkend, is er misschien één van vele', waaronder 'het samenspel van onbekende constitutionele factoren [tegenwoordig algemeen beschouwd als genetisch bepaalde factoren]'. Het was echter lange tijd een kernpunt van de psychoanalytische theorie dat een bovenmatig liefhebbende moeder en een afwezige vader belangrijke invloed kunnen hebben in de psychologische evolutie van ten minste een aantal homoseksuele mannen. Hoewel die theorie de laatste jaren aan controverse onderhevig is, zijn velen in de psychiatrie nog steeds overtuigd van de waarde ervan.

Biografen die de seksuele geaardheid van Leonardo bespreken, betwijfelen zelden dat hij homoseksueel was. Deze befaamde opvatting werd voor het eerst geformuleerd door Kenneth Clark in de Ryerson Lectures, die hij hield aan de School voor Schone Kunsten in Yale in 1936. Hoewel Clarks argumenten doortrokken zijn van de stereotiepe opvattingen van zijn tijd, verdienen ze toch ook serieuze overweging.

> Het bewijs voor Leonardo's homoseksualiteit is naar mijn idee ... impliciet aanwezig in een groot deel van zijn werk. Deze is verantwoordelijk voor zijn androgyne figuren en een zekere lethargie in de vorm, die iedere gevoelige beschouwer kan zien en interpreteren. Ze is ook verantwoordelijk voor feiten die anders moeilijk zijn te verklaren: zijn dandy-achtige kledij in combinatie met zijn afstandelijkheid, en het feit dat hij vrijwel nergens in zijn enorme werk aan een vrouw refereert.

Clark had ook Leonardo's voorkeur voor aantrekkelijke jongens en jongemannen als leerlingen en bedienden kunnen aanvoeren, een feit waarover commentatoren die vlak na Leonardo leefden en wisten waar ze het over hadden, veel opmerkingen hebben gemaakt. Dergelijke bewijzen zijn uiteraard indirect maar ze zijn wel talrijk, en er is weinig in te brengen tegen de algemene interpretatie ervan.

Er zijn geen aanwijzingen voor dat Leonardo zich ooit met seksuele activiteiten heeft ingelaten, noch in zijn manuscripten, noch in de getuigenissen van mensen die herinneringen aan hem hebben bewaard. Freud stond op het standpunt dat Leonardo een van die zeldzame personen is wier

> libido zich onttrekt aan het lot van de repressie door van aanvang aan gesublimeerd te worden in nieuwsgierigheid en door zelf de krachtige impuls tot onderzoek te versterken [die anders zou zijn gericht op seksuele nieuwsgierigheid]. [...] De drang tot onderzoek krijgt in zekere zin dwangmatige trekken en vervangt de behoefte aan seksuele activiteit. [...] De afhankelijkheid van de oorspronkelijke obsessie van het kinderlijke seksuele onderzoek verdwijnt, en de impuls kan zichzelf vrijelijk in dienst stellen van intellectuele belangstelling. Door alle aandacht voor seksuele onderwerpen te vermijden bewijst deze intellectuele belangstelling eer aan de seksuele onderdrukking, die haar zo krachtig maakte door er een gesublimeerd libido aan toe te voegen.

In enkele zinnen geeft Freud hier zijn verklaring voor het ontstaan van Leonardo's genialiteit en de uitzonderlijke reikwijdte van zijn prestaties. De onderdrukte seksuele impuls werd gesublimeerd in nieuwsgierigheid en intellectueel onderzoek. Alle energie van het libido, die eigenlijk op een object van liefde moet worden gericht, werd in plaats daarvan gericht op zijn werk. Wij allen, of we nu hetero- of homoseksueel zijn, sublimeren tot op zekere hoogte ons libido, maar in Freuds ogen was de sublimatie bij Leonardo totaal. Misschien heeft Leonardo dat ook zo aangevoeld. In de verzameling geschriften die door geleerden is uitgegeven onder de titel *Codex Atlanticus*, is de volgende zin te lezen: 'Intellectuele passie verdrijft de sensualiteit.'

Freuds hypothese heeft veel kritiek gekregen, en hoe meer hij zelf de laatste decennia uit de mode is geraakt, hoe meer zijn hypothese werd verworpen. Toch worden de uitgangspunten van seksuele repressie en sublimatie van het libido nog steeds algemeen aanvaard. Het is daarom moeilijk te begrijpen waarom zijn monografie over Leonardo zoveel weerstand heeft opgeroepen. Het is waar dat Freud een jeugdherinnering van Leonardo verkeerd heeft geïnterpreteerd. Hij accepteerde de verschrijving van een vroegere auteur, die 'gier' in plaats van 'havik' had gelezen, waardoor hij meende een mythologische verklaring te hebben gevonden voor een fellatiofantasie van de zoon van een afwezige vader en een al te liefhebbende moeder. Wat Leonardo in werkelijkheid heeft geschreven, is het volgende: 'Ik denk dat mijn diepgaande belangstelling voor haviken van kinds af aan voorbestemd is geweest. Een van mijn vroegste herinneringen was dat er een havik op mij af kwam vliegen toen ik in de wieg lag. Hij opende mijn mond met zijn staart en sloeg een aantal malen met zijn staart tussen mijn lippen.' Freud ging ervan uit dat hier eerder sprake was van een fantasie dan van een herinnering en haalde het archetype van de gier in oude mythologische bronnen erbij. Zo vond Freud ten onrechte steun voor zijn theorie over de opvoeding van Leonardo.

Maar nog steeds kan Leonardo's herinnering worden geïnterpreteerd als een fellatiofantasie, ook al voegt dit niet veel toe aan Freuds bewijsvoering. Nog steeds is het waarschijnlijk dat Leonardo homoseksueel was. Nog steeds zijn er geen aanwijzingen dat hij ooit seksueel actief is geweest. Wat rest is de opvatting dat Leonardo een homoseksueel was die zijn seksuele impuls onderdrukte door zijn libido te sublimeren in een enorme prestatiedrang. Als we even vergeten dat de in diskrediet geraakte Freud iets met deze formulering te maken heeft, ontwaren we hier een alleszins redelijke verklaring voor zijn genialiteit. De combinatie van sublimatie en een onbetwistbaar grote intelligentie levert ons misschien een beeld van Leonardo op dat zowel aan de opgesmukte Freudiaanse legende als aan de realiteit recht doet.

Hoe zit het nu met die eerste levensjaren van Leonardo, of in ieder geval met zijn relatie met Caterina? Wie, in weerwil van enkele 'moderne' commentatoren, de hypothese onderschrijft dat de homoseksuele geaardheid van sommige mannen verband houdt met een dynamiek zoals die door Freud is beschreven, moet ook in overweging nemen dat Leonardo heel goed zo'n man kan zijn geweest. Als dat zo is, maakt het eigenlijk nauwelijks uit waar hij als kind heeft gewoond. Of hij nu in Vinci of in Anchiano is grootgebracht, het is niet onwaarschijnlijk dat hij – hetzij met Caterina, hetzij met de kinderloze en misschien even liefdevolle Albiera – precies de moeder-zoonrelatie heeft gehad die volgens vele psychiaters een beslissende rol speelt in het innerlijk leven van sommige homoseksuelen. Het is net zo redelijk te veronderstellen dat het ontbreken van een vader-zoonrelatie van even groot belang is geweest bij het ontwikkelen van een homoseksuele geaardheid.

Dit levert echter nauwelijks een sluitende bewijsvoering op. Zolang er woorden als *misschien*, *redelijk*, *als*, *sommige* en *niet onwaarschijnlijk* in voorkomen, zijn we bezig met giswerk dat gebaseerd is op minimale informatie. Daardoor ondergaat deze hele discussie in feite hetzelfde lot als veel van de overige verhalen over Leonardo. Bij een levensbeschrijving van vrijwel elke andere figuur zouden we geen genoegen nemen met de historische bewijzen zoals we die voor het leven van Leonardo hebben. Het meeste van wat door Vasari en anderen na hem is geconcludeerd en vermoed, heeft een uitermate zwakke grondslag. In zijn bekende essay over Leonardo uit 1869 geeft de befaamde Engelse criticus Walter Pater misschien de reden waarom dit bij Leonardo altijd het geval is geweest: 'Er ging altijd een zekere betovering uit van Leonardo. Fascinatie is het sleutelwoord.' Deze verregaande fascinatie mobiliseert onze intuïtie, emotie en zelfs ons gevoel van betovering zodra we deze ondoorgrondelijke man proberen te begrijpen. Wanneer we hem interpreteren, interpreteren we onszelf en onze verborgen mysteries. Hij heeft ons in zijn ban, en soms verdenk ik hem ervan dat dat zijn bedoeling is geweest.

Misschien kan men mij daarom vergeven dat ik een theorie naar voren heb gebracht die niet minder onwaarschijnlijk is als veel andere theorieën die in de Leonardo-wetenschap zijn gelanceerd. Ik vraag alleen dat mijn ideeën over de oorsprong van Leonardo's homoseksualiteit niet op voorhand terzijde worden geschoven, maar in overweging worden genomen in de rest van mijn relaas.

Leonardo werd waarschijnlijk tot aan zijn vijftiende levensjaar hoofdzakelijk opgevoed door donna Albiera en haar schoonmoeder, Monna Lucia, die 59 jaar was toen hij werd geboren. Hij schijnt les te hebben gehad van huisleraren in wiskunde en Latijn, maar we kunnen onmogelijk vaststellen hoeveel formele scholing de jongeman uiteindelijk heeft genoten. Het feit dat hij de klassieke talen nooit onder de knie heeft gekregen, kan gedeeltelijk het gevolg zijn geweest van ondeugdelijk onderwijs. Toen hij ouder werd, heeft hij zich echter nooit moeite gegeven deze talen alsnog te leren, ook al toonde hij sporadisch enige belangstelling voor Latijn. Hij kende wel werken van Griekse, Latijnse en Arabische auteurs, maar blijkbaar was die kennis gebaseerd op Italiaanse vertalingen en op discussies met diverse geleerde vrienden. Met betrekking tot de geschriften uit de Oudheid en Middeleeuwen was hij volgens enkelen van zijn tijdgenoten 'een ongeletterde'.

Daar zaten misschien wel wat voordelen aan vast. De eminente wetenschapshistoricus George Sarton schreef: 'Zo had Leonardo gelukkig geen last van die dialectische en lege kennis die vanaf de ondergang van de klassieke wetenschap was verzameld en die steeds meer een obstakel vormde voor ware oorspronkelijkheid.'

Toen Leonardo tussen de vijftien en achttien jaar oud was, was Ser Piero inmiddels met zijn gezin naar Florence verhuisd, hoewel hij zijn huis in Vinci aanhield. Hij liet daar enkele tekeningen en misschien wat plastieken van Leonardo zien aan een van de voornaamste kunstenaars in de stad, Andrea di Cione, die de bijnaam *Verrocchio* (het 'Ware oog') droeg en toentertijd halverwege de dertig was. Verrocchio toonde zich enthousiast over de talenten van de jongen en nam hem als leerling aan. Dit was op zichzelf een erg gunstige ontwikkeling gezien de grote verscheidenheid aan activiteiten die in het atelier van de meester werd ontplooid. Verrocchio was op de eerste plaats beeldhouwer, maar genoot daarnaast ook een reputatie als schilder, ontwerper, metaalbewerker, edelsmid en instrumentenmaker. Doordat zijn eigen artistieke belangstelling zo gevarieerd was, kregen ook zijn leerlingen de gelegenheid zich op allerlei gebieden te ontwikkelen. Ze kregen opdrachten voor werkstukken in zilver, marmer en hout. Ze moesten helmen, klokken en kanonnen maken. Deze omgeving was koren op de molen van een getalenteerde jongeman als Leonardo.

In het atelier van Verrocchio kwam hij dan ook tot bloei en bleek hij een bijzonder talent. Niet alleen in de kwaliteit en verscheidenheid van zijn artistieke prestaties, maar ook in bepaalde persoonlijke eigenschappen was 'de hand van God' te herkennen, aldus Vasari. Ook anderen dan Vasari hebben geschreven over Leonardo's knappe verschijning, zijn krachtige en sierlijke lichaam, zijn muzikale kwaliteiten en bepaalde karaktertrekken waarvan zowel kennissen als onbekenden onder de indruk waren. Zo bezat hij een bijzondere gelijkmoedigheid die hem zijn leven lang niet zou verlaten, gecombineerd met een warm en aangenaam karakter. Er wordt – waarschijnlijk naar waarheid – verteld dat hij door de straten van Florence dwaalde, in bonte gewaden die beduidend korter waren dan in die tijd de gewoonte was; af en toe kocht hij dan een vogel in een kooitje, die hij vervolgens vrij liet als symbool voor zijn eigen vrije geest en uit eerbied voor alle levende wezens. Leonardo ontwikkelde gedurende zijn jaren in Florence zijn ontzagwekkende talenten, een aangenaam karakter en een serene vorm van zelfvertrouwen. Maar er was ook een onderstroom van onrust en zelfs angst. In een van zijn aantekenboeken uit deze periode vinden we een intrigerende herinnering aan een van zijn vele eenzame excursies in de heuvels rondom Florence

> Ik had al een hele poos tussen de overhangende rotsen gedwaald, toen ik bij de ingang van een reusachtige grot uitkwam. Ik was enige tijd met stomheid geslagen omdat ik niet wist dat hij bestond. Ik boog ver achterover met mijn linkerhand op mijn knie en mijn rechterhand ter bescherming boven mijn ogen... ik bleef daar een tijdje en plotseling werd ik overvallen door twee emoties: angst en verlangen. Angst voor de donkere bedreigende grot, verlangen om te onderzoeken of er in de grot misschien fantastische dingen te zien waren.

Deze korte aantekening geeft stof tot nadenken: dit avontuur leidde uiteindelijk tot de ontdekking van een grote fossiele vis in de grot, die Leonardo nooit zou hebben gevonden als zijn nieuwsgierigheid zijn angst niet had overwonnen. Hij was als jongeman diep geroerd door de schoonheid van alles wat hij om zich heen ontwaarde, maar desondanks tekende hij in deze periode van zijn leven een serie portretten van bizarre, zelfs groteske mensen die hij door de straten van Florence volgde. Hij voelde zich blijkbaar evenzeer aangetrokken als afgestoten door hun extreme fysionomie. Pater heeft gezocht naar de betekenis van deze '[l]egioenen van groteske figuren die hij heeft getekend' en waarschijnlijk zat hij dichter bij de waarheid dan hij besefte toen hij schreef:

32

Voorbeelden van uiterste schoonheid en uiterste gruwel smolten in de geest van deze begaafde jongeman samen tot een zichtbaar en tastbaar beeld; dit beeld zou hem zijn leven lang niet meer verlaten... De verfijnde schoonheid ervan is geheel en aldoor doordrenkt met wat betiteld kan worden als de fascinatie voor verval.

Het opmerkelijke van Leonardo's ervaring in de grot is dat ze leidde tot een van de vele ontdekkingen die hem uiteindelijk ervan overtuigden dat de aarde en de levende natuur veel ouder waren dan de kerk leerde. Reeds eeuwen voor Lyell en Darwin was hij zich ervan bewust dat de wereld aan een voortdurend veranderingsproces onderhevig was. Tot op zekere hoogte leeft deze tegenstelling tussen angst en verlangen natuurlijk in ons allemaal, maar in het geval van Leonardo moeten die angst en dat verlangen zo uitzonderlijk groot zijn geweest dat hun wisselwerking van grote invloed is geweest op zijn belangrijkste activiteiten. De voornaamste hiervan is, naar mijn mening, zijn anatomische onderzoek.

De ontledingen die Leonardo in zijn latere jaren zou uitvoeren, vonden plaats onder verschrikkelijke omstandigheden. Niet alleen moest hij zijn eigen natuurlijke afschuw voor dode lichamen overwinnen, maar hij kampte bovendien met het probleem dat hij geen mogelijkheden had de lijken gedurende voldoende lange tijd te conserveren, zodat hij lichamen moest ontleden die al tot ontbinding waren overgegaan voordat hij er zelfs maar zijn mes in had kunnen zetten. Maar zoals altijd won zijn nieuwsgierigheid het van zijn angst. Hij was zich zeer bewust van dergelijke overwegingen, zoals blijkt uit een waarschuwing die hij aan toekomstige anatomen gaf:

> Ondanks uw belangstelling voor het onderwerp wordt u misschien weerhouden door een natuurlijke walging of misschien door de angst dat u de nacht moet doorbrengen in het gezelschap van deze gevierendeelde en gevilde lijken, een verschrikkelijke aanblik.

Veel commentatoren van Leonardo's manuscripten hebben erop gewezen dat dergelijke opmerkingen vaak het karakter hebben van een innerlijke dialoog. Misschien spreekt hij dus ook in deze aantekening in feite over zijn eigen angsten. Het is hoe dan ook van belang dat Leonardo zo openlijk het thema weerzin en angst ter sprake brengt. Bovendien windt hij er geen doekjes om; het zal niet eenvoudig zijn zulk direct taalgebruik te vinden in de geschriften van andere anatomen, hoewel zij deze emoties ongetwijfeld allemaal kennen.

Zijn eerste anatomische onderzoeken heeft hij uitgevoerd in het oudste ziekenhuis in Florence, Santa Maria Nuova (overigens in 1255 gesticht door Folco Portinari, de vader van Dante's Beatrice). Misschien gebeurde dat op aandrang van Verrocchio, die zijn leerlingen altijd heeft aangemoedigd het spierstelsel goed te bestuderen. Aan de oude verbodsbepalingen ten aanzien van het prepareren van menselijke lichamen werd al enige tijd niet meer zo zwaar getild, en ontledingen werden in bepaalde gevallen voor didactische en forensische doeleinden uitgevoerd. Bij Leonardo stonden de ontledingen aanvankelijk in het teken van zijn kunstbeoefening, maar in zijn onderzoekende handen kregen ze van lieverlee ook een wetenschappelijk karakter. Naar alle waarschijnlijkheid is Leonardo de eerste kunstenaar geweest die bij de ontleding van het menselijk lichaam dieper heeft gesneden dan de weefsels aan de oppervlakte. Misschien is hij zelfs ook de eerste geweest die geprobeerd heeft de inwendige organen met anatomische nauwkeurigheid te af te beelden. In ieder medisch handboek tot die tijd zijn de ingewanden slechts op schematische of zelfs symbolische wijze weergegeven. Vele jaren later dacht Leonardo niet meer aan schilderen wanneer hij het ontleedmes hanteerde; hij probeerde de geheimen van het menselijk lichaam te ontraadselen en wilde weten hoe het werkte. Hij deed onderzoek naar het wezen van de mens.

Maar de fascinatie van de jongeman beperkte zich niet tot het ontleden van het menselijk lichaam. In zijn onverzadigbare nieuwsgierigheid was hij voortdurend op zoek naar nieuwe uitdagingen. In tegenstelling tot de meeste van zijn tijdgenoten realiseerde Leonardo zich al snel dat een goede schilder begrip moest hebben van de beginselen van perspectief, van het gebruik van licht en donker en zelfs van de manier waarop het oog fysiologisch gezien een beeld waarneemt. Hij las veel, vrijwel zeker in vertaling omdat zijn kennis van het Latijn niet goed genoeg was om de geschriften in hun oorspronkelijke vorm te kunnen lezen. Hij bestudeerde geometrie, mechanica, de vlucht van vogels, plant- en dierkunde, optica, ballistiek, hydraulica en architectuur. Hij begon kunst vanuit een wetenschappelijk standpunt te benaderen. En het ongekeerde was ook waar: hij bekeek wetenschap vanuit het gezichtspunt van de kunstenaar. Hoewel Leonardo zijn tijd ver vooruit was, heeft zelfs hij zich aanvankelijk niet gerealiseerd wat voor opwindende benadering hij had ontdekt.

We weten maar weinig met zekerheid over Leonardo's artistieke productie in zijn eerste Florentijnse periode, en er is geen enkel volledig werk bewaard gebleven. Wel zijn er sporen te vinden van zijn werk uit de periode waarin hij leerling van Verrocchio was en van de studies waaraan hij was begonnen in de zes jaar tussen het einde van zijn opleiding en zijn vertrek naar Milaan in 1482. Zo herkennen we zonder veel twijfel zijn hand in enkele schilderijen uit het atelier van Verrocchio, en na zijn leertijd kreeg hij een opdracht om een altaarstuk te maken voor de monniken van het klooster van San Donato in Scopeto. Het onderwerp was de aanbidding door de drie wijzen, maar het altaarstuk bleef onvoltooid en bevindt zich nu in de Galleria degli Uffizi. Een opdracht voor een altaarstuk voor de kapel van de Signoria, het wetgevende lichaam in Florence, schijnt hij zelfs al te hebben teruggeven voordat hij er goed en wel aan begonnen was. McCurdy heeft er al op gewezen dat we vrij veel weten over de ontwikkeling van Leonardo's denken in die eerste periode in Florence, maar dat er in de contemporaine bronnen maar weinig te vinden is over wat hij deed of hoe hij leefde.

Florence werd in die tijd bestuurd door de familie van de Medici's, die onder meer aan de macht wist te blijven doordat ze burgers aanmoedigde elkaar aan te klagen zodra er ook maar de geringste aanwijzing voor immoreel gedrag was. Zo werden Leonardo en drie van zijn kameraden in 1476 aangeklaagd wegens homoseksuele praktijken met de zeventienjarige Jacopo Saltarelli, een welbekende mannelijke prostitué. Na twee zittingen werd de aanklacht in juni van dat jaar uiteindelijk ingetrokken bij gebrek aan bewijs. Wat moeten we hiervan denken? En was het louter toeval dat Ser Piero, na twee kinderloze huwelijken, in dat jaar eindelijk opnieuw vader werd (hij zou daarna nog tien kinderen krijgen) bij zijn derde echtgenote? Voor het eerst in zijn leven was de 24-jarige Leonardo geen enig kind en wettige erfgenaam meer. Heeft dit feit tot een zekere onbezonnenheid geleid?

Om deze vraag te kunnen beantwoorden moeten we eerst bepalen of Leonardo wel schuldig was aan de aanklacht. Vrijwel alle biografen twijfelen hieraan. Dit verhaal is de enige indicatie voor seksuele activiteit bij Leonardo, en de zorgvuldigste onderzoekers van zijn leven nemen aan dat het niet waar is. De aanklacht kan zijn voortgekomen uit kwaadwilligheid, geroddel of gebakken lucht, maar men kan zich toch wel afvragen wat de jongemannen hebben gedaan om zich dergelijke lasterpraat op de hals te halen, ook al was het ten onrechte. Men kan zich ook de vraag stellen waarom Leonardo blijkbaar juist in dit jaar zijn leertijd bij Verrocchio afsloot. De twee mannen bleven goede vrienden, en Leonardo bleef waarschijnlijk de rest van zijn tijd in Florence bij zijn meester wonen, nu echter als zelfstandig kunstenaar. Vermoedelijk is hier slechts sprake van een toevallige samenloop van omstandigheden. Maar toch... Dit zijn wel de vragen die lange tijd opgeworpen zijn door mensen die beweren deze raadselachtige man te kennen die vijf eeuwen geleden heeft geleefd. Slechts weinig antwoorden hebben echter voldoende gewicht of inhoud om de toets der kritiek te weerstaan.

Op jonge leeftijd was Leonardo al een moralist. Er is geen reden om aan zijn oprechtheid te twijfelen wanneer hij suggereert dat hij geen seksueel leven kende. Het is echter onmogelijk uit te maken of hier sprake is van onbewuste onderdrukking, zoals Freud beweert, of van een bewuste keuze. Zijn de volgende woorden bijvoorbeeld geschreven door een man voor wie de verleidingen van het vlees helemaal geen verleidingen waren, of zijn ze geschreven door een man die met zijn seksualiteit worstelde om te voorkomen dat hij erdoor overmeesterd werd?

Wie zijn seksuele verlangens niet in bedwang houdt, plaatst zichzelf op het niveau van de wilde dieren. De grootste en kleinste beheersing is de beheersing die iemand over zichzelf heeft... Het is gemakkelijker in het begin weerstand te bieden dan aan het eind.

Zoals zo vaak bij Leonardo kunnen ook deze zinnen gebruikt worden om allerlei vooroordelen te bevestigen. Niettemin passen ze in het beeld van een man die zichzelf, bewust of onbewust, niet toestond zijn seksualiteit te uiten.

Een van de vooroordelen die over Leonardo de ronde doen, is dat hij een wereldvreemde man zou zijn geweest. Sommige mensen hebben de indruk dat Leonardo alleen werkelijk geïnteresseerd was in de dingen die zijn kunst en zijn wetenschapsbeoefening stimuleerden. Die indruk is grotendeels juist. Maar om zijn doelen te verwezenlijken was hij afhankelijk van de ondersteuning en bescherming van machtige mecenassen, en zonder aarzeling deed hij zijn uiterste best dezen voor zich te winnen. Gedurende zijn hele volwassen leven nam hij pragmatische besluiten die gebaseerd waren op de alsmaar veranderende politieke verhoudingen in een land waar machthebbers als de Medici's, de Sforza's en de Borgia's voortdurend met elkaar in conflict waren en er een constante dreiging van buitenlandse invallen in de lucht hing. Het eerste voorbeeld de *Realpolitik* van Leonardo kunnen we zien in 1481, toen hij 29 jaar was en als onafhankelijk kunstenaar in Florence werkte.

In het begin van dat jaar had Leonardo aan Ludovico Sforza, de heerser van Milaan, een brief gestuurd, die in feite een sollicitatiebrief was. Het was algemeen bekend dat Ludovico in die tijd twee problemen aan zijn hoofd had, en Leonardo speelde daar uitstekend op in. Het grootste probleem was de onmiddellijke dreiging van vijandelijke aanvallen. Milaan werd in het bijzonder vanuit het oosten bedreigd door Venetië, maar ook door de pauselijke troepen vanuit het zuiden en door de Fransen vanuit het noorden. Daarnaast was Ludovico op zoek naar een geschikte beeldhouwer die een ruiterstandbeeld zou kunnen maken ter nagedachtenis van zijn vader Francesco.

Het opvallendste kenmerk van de brief is het vrijwel ontbreken van een verwijzing naar Leonardo's artistieke kwaliteiten. Slechts in de laatste van de twaalf alinea's maakt hij melding van zijn kunstenaarschap, en dan nog in een enkele zin die in vergelijking met de rest van de brief een haast laconieke indruk maakt. Het lijkt een losse toevoeging aan een lange reeks krachtige argumenten waarin hij zichzelf aanprijst als een ervaren en zeer innovatief militair ingenieur en als architect, waterbouwkundig ingenieur en ontwerper van monumenten. Leonardo zegt eenvoudigweg: 'Ik kan ook beelden vervaardigen uit marmer, brons en terracotta; als schilder doe ik niet voor anderen onder.'

Leonardo zou misschien niet eens zijn artistieke vaardigheden hebben vermeld als hij dat niet nodig had gehad ter inleiding van zijn volgende zin: 'In het bijzonder zou ik het bronzen ruiterstandbeeld willen maken dat op glorievolle wijze de illustere nagedachtenis van de prins, uw vader, en van het vermaarde huis van Sforza voor eeuwig in stand zal houden.' De ingetogen opmerking over zijn kunstenaarschap maakt een volkomen andere indruk dan de nogal pocherige (en blijkbaar nog onbewezen) verzekering dat hij iedereen overtreft in het ontwerpen en vervaardigen van oorlogstuig. Bijvoorbeeld: 'Als het gebruik van kanonnen niet praktisch blijkt te zijn, kan ik deze vervangen door katapulten of ander schiettuig, dat tot dusverre onbekend is. Kortom, als dat gevraagd wordt, kan ik oneindig veel nieuwe aanvalswapens ontwerpen.' In tegenstelling tot de plannen van anderen, die volgens Leonardo 'niet wezenlijk verschillen van wat algemeen in gebruik is', zijn zijn eigen ontwerpen 'een persoonlijk geheim'.

Leonardo had inderdaad veel tekeningen gemaakt om zijn snoevende aanspraken op genialiteit te ondersteunen, hoewel zijn ervaring om deze schetsen uit te voeren natuurlijk veel geringer was dan hij Ludovico liet geloven. Het eerste jaartal dat hij expliciet in zijn manuscripten vermeldt, is 1489, maar de meeste van zijn militaire technische tekeningen heeft hij hoogstwaarschijnlijk gemaakt voordat hij zijn brief aan Ludovico schreef. Deze tekeningen hebben moderne onderzoekers altijd verbaasd. Niet alleen in hun ontwerp maar ook in hun uitgangspunt staken zijn machinerieën ver uit boven alles wat toentertijd werd gemaakt. Hij had uiteraard de constructie van elk stuk oorlogstuig uitputtend bestudeerd. Daarnaast moet hij echter ook de omstandigheden op het slagveld zo uitvoerig onder de loep hebben genomen dat hij een gedetailleerde kennis bezat over alles wat nodig was. Onderzoekers die beweren dat onder de tekeningen voorlopers te vinden zijn van gifgas, rookgordijnen en tanks, zijn misschien niet eens zo ver van de waarheid verwijderd. Of de machines ook werkelijk aan de verwachtingen van de ontwerper voldeden, zullen we nooit weten aangezien geen enkel ontwerp ooit is uitgevoerd. Leonardo bereikte met zijn brief echter wel wat hij wilde: hij werd in dienst genomen en in 1482 verhuisde hij naar Milaan, waar hij bijna zeventien jaar zou blijven totdat hij vanwege de ondergang van Ludovico op zoek moest naar een andere beschermheer.

Misschien had Ludovico echter nog een andere zwaarwegende reden om Leonardo naar Milaan te laten komen. In de *Anonimo Gaddiano*, een contemporaine verzameling fragmentarische biografieën over Florentijnse kunstenaars uit die periode, staat dat Leonardo gedurende zijn laatste jaren in Florence enige tijd bij Lorenzo *il Magnifico* de Medici heeft gewoond, vermoedelijk na 1476 na afloop van zijn leertijd bij Verrocchio. De prins was zo onder de indruk van de talenten van de jongeman dat hij hem een werkruimte ter beschikking stelde in de tuin van het San Marcoplein, blijkbaar om enkele oude beeldhouwwerken te restaureren. Volgens de *Anonimo* was de persoonlijke aanbeveling van Lorenzo de beslissende factor geweest in Ludovico's beslissing om Leonardo in dienst te nemen, waarbij de wens van de Medici om zijn bondgenoot een zilveren lier cadeau te doen als katalysator werkte. Misschien verwees Leonardo wel naar deze prinselijke bemoeienis toen hij op het eind van zijn leven deze cryptisch opmerking noteerde: 'De Medici's hebben me gemaakt en gebroken.' De verhuizing naar Milaan is dan de periode geweest waarin hij werd gemaakt, en zijn latere verblijf in Rome de periode waarin hij werd gebroken.

# HOOFDSTUK 3

# Milaan, 1482–1500

Leonardo was echter niet vanwege zijn oorlogsmachine-rieën en -tactieken naar Milaan geroepen, maar uit vreedza-me overwegingen. Bij aankomst ontdekte hij dat zijn be-schermheer zijn politieke strategie had gewijzigd: diploma-tie in plaats van oorlogsvoering. Daardoor had Ludovico veel minder behoefte aan wapentuig en verdedigingssyste-men, althans voorlopig. Leonardo heeft zelf opgetekend dat hij in dienst was genomen om het ruiterstandbeeld van Francesco Sforza te maken, wat overeenkomt met de oog-merken en de reputatie van Ludovico.

Om Ludovico Maria Sforza goed te begrijpen moeten we een generatie teruggaan, naar zijn vader. Francesco was een boerenzoon die het geschopt had tot Milanees generaal. Dankzij zijn politieke geslepenheid, zijn militaire kracht, zijn verstandshuwelijk met de dochter van de voormalige heerser, Filippo Visconti, en de hulp van Cosimo de Medici van Florence was Francesco in 1450 hertog van Milaan ge-worden. In feite had hij zich de troon toegeëigend ten koste van de beoogde troonopvolger van de Visconti's. Toen hij in 1466 stierf, volgde zijn eerste zoon Galeazzo hem op als hertog. Deze tiran werd tien jaar later echter vermoord en liet de hertogelijke titel na aan zijn zevenjarige zoontje, Gian. Ludovico had zijn oudere broer laten beloven dat hij de troon zou beërven als Gian zou sterven zonder een erfge-naam. Hoewel Gians moeder regentes werd, riep de sluwe

Ludovico zijn ziekelijke en niet al te slimme neefje op zijn twaalfde tot hertog uit. Zodoende schoof hij de regentes ter zijde en nam de facto het bestuur van Milaan over van de onbekwame Gian. Verrassend genoeg bleef Gian nog een aantal jaren in leven. Hij stierf pas in 1494 een onverwachte en onopgehelderde dood. Vervolgens besteeg *Il Moro* – de Moor, zoals de donkere Ludovico werd genoemd – de troon, hoewel hij de stad in feite al vanaf 1482 bestuurde.

In die turbulente tijden bleven adellijke families slechts enkele generaties aan de macht. Daarom probeerden zij zichzelf te vereeuwigen zodra ze hun leidende positie hadden verworven. Veel van de culturele vooruitgang die toentertijd werd geboekt, was te danken aan de stimulans en de open beurzen van koningen, edellieden en succesvolle ondernemers. Voor de beroemde Italiaanse families liep het pad naar eeuwige roem langs de talloze getalenteerde kunstenaars en filosofen die bij wijze van spreken het land overspoelden. Hoewel ze politieke despoten waren, creëerden de Sforza's in Milaan, de Medici's in Florence en de Borgia's in Rome een atmosfeer waarin literatuur, schone kunsten en filosofie de vrije hand kregen en tot grote hoogten stegen. Francesco had dit proces voor de Sforza's in gang gezet door een ziekenhuis te laten bouwen en allerlei wetenschappers aan zijn hof te verzamelen. Maar als mecenas van de schone kunsten overtrof zijn zoon Il Moro hem met gemak, en hoewel zijn feitelijke prestaties in Milaan geringer waren dan die van de Medici's in Florence of die van de Borgia's in Rome, waren zijn intenties dezelfde.

Ludovico liet zich omringen door kunstenaars en schrijvers. Zoals Bernardo Bellincioni, de hofdichter, schreef: 'Aan zijn hof gonst het van de kunstenaars... geleerden komen erop af als bijen op de honing.' Ludovico had Leonardo in eerste instantie laten komen om het standbeeld te ontwerpen en uit te voeren, maar hij had nog grotere plannen

met hem. Leonardo's reputatie was hem inmiddels vooruit-
gesneld. Uit contemporaine bronnen weten we dat Leonardo in die tijd alom erkenning als kunstenaar genoot, hoewel
er nauwelijks werk van hem was voltooid. Hij had grote
waardering gekregen voor zijn *Annunciatie*, *De boetvaardige
Hiëronymus* en *De aanbidding der wijzen* (de laatste twee onvoltooid). Hij begon al bekendheid te krijgen als een man
die, om met Vasari te spreken, 'aan veel dingen begon die hij
nooit afmaakte'. Desondanks werd hij als zo'n uniek talent
beschouwd dat hij alleen al door zijn aanwezigheid de gran-
deur van ieder hof vergrootte en als een magneet andere
grote geleerden aantrok.

Door Leonardo naar Milaan te halen, verrijkte Ludovico
zijn hof met de aanwezigheid van een jonge kunstenaar die
alom erkenning genoot, niet in de laatste plaats van Lorenzo, de prinselijke beschermheer van getalenteerde genieën.
Hoewel Leonardo's eerste opdracht het standbeeld betrof,
was het duidelijk dat zijn vaardigheden ook op allerlei andere terreinen zouden worden ingezet, waarbij dat van de militaire techniek naar de achtergrond verdween.

Niet alleen de *Anonimo* maar ook Vasari benadrukt de rol
van de lier (hoewel Vasari de term *luit* gebruikt) in Leonardo's verhuizing naar het hof van Il Moro. Daarmee ondersteunt hij wat anderen hebben geschreven over een van Leonardo's andere talenten:

Toen Ludovico Sforza in 1494 hertog van Milaan werd,
nodigde hij Leonardo met veel vertoon uit om luit voor
hem te komen spelen. Leonardo nam een instrument mee
dat hij zelf van zilver had gemaakt; het had de vorm van
een paardenhoofd en was speciaal ontworpen om een lui-
dere en sonoordere klank te produceren. Leonardo was
een van de beste *improvisatori* uit zijn tijd en stak alle verzamelde musici naar de kroon. De hertog was verrukt van

al zijn talenten en genoot met volle teugen van zijn gezel-
schap.

(Hier zij opgemerkt dat Vasari de aankomst van Leonardo
in Milaan per vergissing plaatst in de tijd waarin Il Moro
formeel hertog werd. Dergelijke inconsistenties hebben het
Leonardo-onderzoek eeuwenlang geplaagd. Aangezien de
biografische gegevens over Da Vinci zeer summier zijn en
veelal afkomstig uit bronnen van twijfelachtige betrouw-
baarheid, zijn de criteria op grond waarvan we informatie
moeten accepteren soms wankel. Wanneer we het werk van
die bonte stoet aan Leonardo-biografen bekijken, moeten
we op zoek gaan naar duidelijke patronen en de stukjes informatie eruit pikken die mogelijk naar de waarheid leiden.)

Het lijkt waarschijnlijk dat de voornaamste reden voor de
hertog om de kunstenaar naar zijn hof te halen inderdaad de
vervaardiging van het standbeeld is geweest. Leonardo was
reeds lange tijd geïnteresseerd in de anatomie van het paard
en schijnt zich al vele jaren voor zijn vertrek uit Florence bezig te hebben gehouden met het ontleden van deze dieren.
Hoewel veel van zijn schetsen van paarden zijn bewaard,
heeft hij het ruiterstandbeeld nooit voltooid. De voltooiing
van dat beeld, of althans van een benadering daarvan, heeft
vijfhonderd jaar op zich laten wachten: in 1999 hebben enkele hedendaagse Amerikaanse bewonderaars van Leonardo op basis van de schetsen een paard in brons gegoten.[1]

---

1  Dit werk was meer een benadering van Leonardo's bedoeling
dan een reproductie. De makers hebben het moeten stellen zonder modellen of schetsen van het uiteindelijke ontwerp, zodat
Francesco Sforza op de rug van het paard ontbreekt. Mijn pelgrimage naar het geboortehuis van mijn held mag dan zijn mis-
lukt, het paard heb ik wel gezien, in de metaalgieterij van Beacon
in New York, waar het in zestig afzonderlijke delen was gegoten,
in tegenstelling tot Leonardo's oorspronkelijke plan om het via

De (vijftiende-eeuwse) mislukking met het paard is typerend voor Leonardo's persoonlijkheid en voor het turbulente politieke klimaat uit die dagen. Leonardo werkte alleen aan het standbeeld wanneer hij weer eens een uitbar-
sting van enthousiasme beleefde te midden van andere uit-
barstingen van enthousiasme. Keer op keer onderbrak hij
zijn werk, zodat Pietro Alemanni, de Florentijnse ambassa-
deur in Milaan, in juli van 1489 via een wanhopige brief aan
Lorenzo vroeg of deze niet een of twee 'ervaren bronsgie-
ters' kon sturen omdat hij er maar weinig vertrouwen in had
dat Leonardo de opdracht tot een goed einde zou brengen.
Het is niet duidelijk of deze meesters de opdracht van Leonardo moesten overnemen of dat ze alleen maar het standbeeld moesten gieten volgens zijn specificaties, maar kort
daarna gooide hij zich weer in een vlaag van enthousiasme
op het project. Misschien wilde Ludovico alleen maar zijn
weigerachtige kunstenaar tot hernieuwde activiteit aanzet-
ten. Een zin op de kaft van een aantekenboek dat hoofdzakelijk aan optica is gewijd, luidt: 'Op 23 april 1490 ben ik
met dit boek begonnen en heb ik een nieuw begin gemaakt
met het paard.' Maar er moeten nog meer vertragingen zijn
geweest, want de grote gebeurtenis zou pas in november
1493 plaatsvinden. Bij de buitensporige festiviteiten ter ere
van het vertrek van Gians zuster, Bianca Maria Sforza, als
bruid voor de Habsburgse keizer Maximiliaan, werd een
acht meter hoog model uit terracotta in de binnenhof van

---

'één enkel kanaal' te gieten. Ik bekeek het beeld enkele dagen
voor zijn verhuizing naar Milaan, waar het met tweeslachtige gevoelens werd verwacht. Het ruiterloze standbeeld staat nu een-
zaam op een plein dat deel is van de Hippodroom, de racebaan in
Milaan. De toeristen en de lokale bevolking hebben er totaal
geen interesse voor. Voor de Milanezen is het gewoon het zo-
veelste voorbeeld van Vinciaanse oplichterij, net als La Casa Natale.

het kasteel van de Sforza's geplaatst, tot enorme vreugde van de vele mensen die het kwamen bekijken.

De grote vertragingen waren vergeten. Een van de hofdichters, Baldassare Taccone, schreef jubelende verzen om het gigantische terracotta standbeeld en zijn maker te prijzen: 'Kijk toch eens hoe mooi het paard is! Leonardo heeft het alleen gemaakt. Beeldhouwer, geweldige schilder, geweldig wiskundige; de hemel is gewoonlijk niet zo vrijgevig met talent.'

Maar dat was tevens het einde van het project. In november 1494 werd de ruim negenduizend kilo brons die voor het standbeeld was bestemd, door Ludovico naar Ferrara gestuurd om er een kanon van te laten gieten. Leonardo bleef aan zijn plannen werken, maar wist dat het project ten dode opgeschreven was. Op een bepaald moment schreef hij aan de hertog: 'Ik zwijg verder over het standbeeld want ik weet dat de omstandigheden ongunstig zijn.' Elders in deze fragmentarisch overgeleverde brief schreef Leonardo dat zijn financiële situatie problematisch was doordat hij geen salaris had ontvangen maar wel zijn assistenten moest onderhouden en betalen. Ludovico's banksaldo schijnt er echter niet veel rooskleuriger te hebben uitgezien, want in 1499, toen hij politiek gezien volledig aan de grond zat, schonk hij Leonardo een grote wijngaard aan de rand van Milaan in een poging de rekening te vereffenen. Maar ook dit werd pas geregeld nadat zijn gefrustreerde schuldeiser hierom had gevraagd. In 1500, toen de stad was bezet door de Franse troepen van koning Lodewijk XII, gebruikten Gasconse boogschutters het terracotta standbeeld als schietschijf en vernietigden het grotendeels. Uiteindelijk is het simpelweg uiteengevallen.

In de zes of zeven jaar dat Leonardo als onafhankelijk kunstenaar in Florence heeft gewerkt, is hij niet rijk geworden. Verre van dat. Niet alleen waren de honoraria nogal mager, maar ook zijn gewoonte opdrachten niet af te maken was niet echt gezond voor zijn portemonnee. Waarschijnlijk kwam hij berooid in Milaan aan. Hoewel Ludovico hem een royaal salaris in het vooruitzicht stelde, hield hij zich niet altijd aan zijn woord. Er gingen soms weken of maanden voorbij zonder dat hij geld stuurde, waarop Leonardo zich ging beklagen. Tijdens zijn laatste jaren in Florence had de kunstenaar bovendien een huishouden opgezet waarin studenten, bedienden en enkele vrienden samenleefden. De kosten van het dagelijks onderhoud gingen zijn financiële vermogens nogal eens te boven. Bovendien had hij een hang naar een luxueuze levensstijl met paarden, rijtuigen, bedienden enzovoort. Al met al was hij een man die geregeld in de schulden stak, of in ieder geval moeite had financieel het hoofd boven water te houden. Maar we zullen nog zien dat hij er desondanks in slaagde af en toe een florijn opzij te leggen. Mogelijk was zijn armoede minder groot dan hij voorgaf. Misschien dacht hij dat hij alleen geld bij de zuinige monarch kon lospeuteren als hij vertelde hoe arm hij was, ook al werkte deze strategie niet altijd. In een brief aan de hertog waarin Leonardo zich beklaagt dat hij al twee jaar geen honorarium heeft ontvangen, schrijft hij dat hij opdrachten van anderen heeft moeten aannemen om in de kosten van zijn levensonderhoud te kunnen voorzien.

In afwachting van de financiële bijdragen van de hertog stond het Leonardo overigens volledig vrij opdrachten van derden aan te nemen. Meestal betrof het hier portretten en studies. Deze hadden een mooie bron van inkomsten kunnen zijn als de kunstenaar zijn verplichtingen beter was nagekomen. Maar helaas. Zijn reputatie als kunstenaar hield hem echter op de been. Rijke families kwamen nog steeds naar hem toe in de hoop dat hij deze keer wel zijn afspraken zou nakomen en zijn opdracht voltooien. Hij was voortdurend aan het werk; zijn jaren in Milaan waren een periode van grote activiteit.

Aanvankelijk gaf Ludovico opdrachten waaraan Leonardo een hekel had omdat ze hem alleen maar afhielden van zijn alsmaar groeiende fascinatie voor zijn wetenschappelijk onderzoek. Toen hij nog in Florence woonde, was hij veelvuldig betrokken bij de spektakelstukken en festiviteiten van de welvarende Renaissancestad. Zijn atletische vermogens, zijn bevallige verschijning en zijn krachtige lichaam hadden hem in staat gesteld enthousiast en met veel succes deel te nemen aan de verschillende wedstrijden die onderdeel waren van de feestelijkheden. Verrocchio trad vaak op als regisseur van de pronkstoeten van Lorenzo en werd daarbij opgewekt bijgestaan door zijn leerling Leonardo. Samen ontwierpen ze kostuums en maakten ze de constructies voor de kleurrijke processies die ter viering van allerlei kerkelijke en wereldse feesten door de straten van Florence trokken.

Net als Florence was ook Milaan een opwindende en welvarende stad, met veel festiviteiten en toernooien. De stad was rijk geworden door de wolnijverheid en de wapenindustrie, maar op dat moment begon zich een winstgevende industrie te ontwikkelen in de verwerking van zijde. Meer dan honderd werkplaatsen hadden zich toegelegd op de fabricage van pantsers en handwapens, zoals zwaarden, lansen, spiezen en hellebaarden, zodat het hele stadscentrum een militaire sfeer ademde. De driehonderdduizend inwoners werden beschermd door vijftien zwaar verschanste torens, verdeeld over de ontzagwekkende stadsmuur die alleen binnen te dringen was via zeven massieve poorten. Omgeven door grachten en hoge wallen stond het ongenaakbare kasteel van de hertog als een dreigende wachter net binnen een van deze poorten.

Zoals te verwachten was, deed Ludovico vaak een beroep op zijn nieuwe kunstenaar als regisseur voor de spektakels in de stad. Leonardo was niet alleen ontwerper en kunstenaar, maar ook ceremoniemeester. Nu hij de dertig was gepasseerd en hij veel andere projecten in zijn hoofd had, moet hij dit werk steeds vervelender hebben gevonden ondanks het plezier dat hij er vroeger aan beleefd had. Hij had echter weinig keus. Hij kweet zich vol overgave van zijn taak en vond er een uitlaatklep voor zijn levendige fantasie. Een beschrijving van een van de spektakelstukken die hij organiseerde, het Festival van het Paradijs, illustreert de grootsheid van zijn concepten. Het festival was bedacht door Ludovico om de illusie van Gian en zijn vrouw, Isabella van Aragon, te voeden dat zij de werkelijke heersers van Milaan waren. Hofdichter Bernardo Bellincioni schreef:

> En het heet Paradijs omdat het – met groot vernuft en kunstenaarschap van meester Leonardo da Vinci uit Florence – tot paradijs is gemaakt. Alle zeven planeten, die werden verbeeld door als dichters verklede mannen, draaiden in het rond, en elk van deze planeten zong de lof van hertogin Isabella.

Zelfs in die eerste jaren in Milaan besteedde Leonardo zoveel mogelijk tijd aan de studie van wiskunde, mechanica of optica. Omdat hij erop was gebrand zijn woordenschat en taalbeheersing te vergroten, werkte hij zich nijverig door lijsten met duizenden Italiaanse woorden en synoniemen. Hij verspilde geen tijd. Het was alsof hij iedere dag volgens zijn eigen adagium leefde: 'Zoals ijzer roest wanneer het niet wordt gebruikt, en water bederft wanneer het stilstaat of in ijs verandert wanneer het aan koude wordt blootgesteld, zo degenereert het intellect wanneer het niet wordt getraind.'
Leonardo leefde zich helemaal uit in zijn fascinatie voor de vlucht van vogels en hij vroeg zich af welke mogelijkheden de mens in dit opzicht had. Daarom maakte hij schetsen

voor prototypen van vliegmachines en berekende hij de mechanische krachten waarmee rekening moest worden gehouden. Vlak voordat hij Milaan in 1499 verliet, maakte hij een lijst met boeken die hij bezat. Deze lijst bevat veel titels op het gebied van literatuur, geschiedenis, wetenschap en filosofie. Slechts twee teksten hebben in de verte iets te maken met geneeskunde, en boeken over anatomie ontbreken geheel.

Van tijd tot tijd was Leonardo in de gelegenheid een lichaam te ontleden (misschien in het Ospedale del Brolo, een afdeling van het Ospedale Maggiore die toestemming had ontledingen te laten uitvoeren). Uit zijn aantekenboeken blijkt dat hij monsters meenam om in zijn vrije tijd te bestuderen en tekenen. Hij was in Florence met zijn anatomisch onderzoek begonnen, maar pas in Milaan ging hij daarin verder dan voor zijn schilderkunst strikt noodzakelijk was; hij ging nu nauwkeuriger en zelfs enigszins systematisch te werk. Zijn studie van het menselijk lichaam kreeg steeds meer een wetenschappelijk karakter. In de woorden van Sigmund Freud: 'De kunstenaar had ooit de onderzoeker in dienst genomen om hem te assisteren bij zijn werk; nu was de assistent sterker geworden en overtrof zijn meester.'

Maar zelfs hierover bestaat onenigheid. In hun zeer gewaardeerde boek *Leonardo da Vinci on the Human Body* (1952) betwijfelen Charles O'Malley en J.B. de C.M. Saunders of Leonardo wel toegang had tot het Ospedale Maggiore. Ze zien bepaalde fouten in deze vroege tekeningen – gecorrigeerd in tekeningen uit later tijd – als aanwijzingen dat hij zijn anatomische kennis in deze periode opdeed door observatie, ontleding van dieren en literatuurstudie, en niet door persoonlijke ontleding van lichamen. O'Malley en Saunders wijzen echter wel op een innovatie die Leonardo aan het einde van zijn Milanese periode had geïntroduceerd: hij maakte dwarsdoorsneden van de ledematen en tekende structuren vanuit verschillende hoeken, 'alsof de kijker in staat was volledig om de structuur te lopen en deze van alle kanten te bestuderen', een uiterst waardevol hulpmiddel voor anatomen en in het bijzonder chirurgen. Leonardo beschreef zijn benadering als volgt:

> Werkelijke kennis over de vorm van elk lichaam krijgt men door het vanuit verschillende hoeken te bekijken. Dus om kennis over de ware vorm van elk deel van de mens over te dragen... zal ik de regel in acht nemen dat ik vier afbeeldingen vanuit alle vier de hoeken maak. In het geval van botten maak ik nog een vijfde tekening: ik snijd de botten doormidden en laat het binnenste ervan zien.

Leonardo bleef deze zelf ontwikkelde methode van nu af aan gebruiken. Of O'Malley en Saunders gelijk hebben of niet, het is een feit dat in 1489, zeven jaar na zijn aankomst in Milaan, zijn onderzoek zo goed vorderde dat hij te kennen gaf een traktaat over anatomie te willen publiceren. Hij vulde zijn aantekenboeken niet alleen met wetenschappelijke bevindingen, maar ook met zijn filosofieën over het leven.

Leonardo was gefascineerd door beweging en de krachten die daarbij een rol spelen. De ononderbroken energiestromen in de natuur en in het leven van de mens vormen een centraal thema in al zijn geschriften. In zijn ogen was de studie van de structuur slechts het begin van de studie van de functie en de mechanische krachten die haar mogelijk maakten. Hij ontwikkelde een idee dat hij al langer koesterde: hij streefde ernaar om één enkel moment, waarin een gebeurtenis of persoon in zijn geheel wordt verklaard, zowel in artistiek als in wetenschappelijk opzicht vast te leggen. In beide disciplines moest men dat ene moment vangen en bestuderen, omdat daarin tegelijkertijd het heden, het verleden en de toekomst vervat liggen. In dit verband spreekt Kenneth Clark over de 'bovenmenselijke scherpte van [Leonardo's] blik', waardoor hij telkens de perfecte momentopname kon maken. Kunsthistoricus Sydney Freedberg zei over de *Mona Lisa* dat het 'een beeld [is] waarin een moment van leven en een moment van beheersing elkaar voor eeuwig in evenwicht houden'.

Leonardo was gefrappeerd door de beweging van water. Deze was voor hem het voorbeeld van en soms zelfs de metafoor voor de vitale krachten van het leven en van de harmonie en eenheid van de natuur: 'In rivieren is het water dat je aanraakt, het einde van wat voorbij is en het begin van wat komen gaat. Het is dus aanwezig in de tijd.' Deze woorden zijn de helderste weergave van Leonardo's opvatting dat het leven van de mens en de gebeurtenissen in de natuur vervat kunnen liggen in één momentopname. Voeg hier Leonardo's advies aan toe dat een schilder twee onderwerpen moet schilderen – de persoon en zijn geestesgesteldheid – en je hebt een hele kunsttheorie verwoord in enkele zinnen.

Hij zei dat deze filosofie zich in de schilderkunst uitte in een nauwgezette aandacht voor de beweging van de aangezichtsspieren, in het bijzonder die rond de mond. Maar alle delen van het lichaam, inclusief de romp en de ledematen, moesten minutieus onderzocht worden omdat de lichaamshouding een eigen verhaal vertelt. Zichtbare handelingen leggen innerlijke gedachten bloot; beweging ontstaat in de geest. Ieder portret is daarom een psychologische studie. Deze uitgangspunten zou Leonardo later verbeelden in de *Mona Lisa*, maar in zijn Milanese periode vonden zij hun volmaakte weergave in de schildering van *Het laatste avondmaal*, een opdracht van Ludovico en de dominicaner monniken voor de muur van het refectorium van het klooster van Santa Maria della Grazie.

De momentopname die in de muurschildering wordt vastgelegd, is een van de belangrijkste gebeurtenissen in de christelijke geschriften. Hoe rustig ook uitgesproken, de profetische woorden: 'Voorwaar, ik zeg u: een van u zal mij overleveren' zijn zojuist als een bom ingeslagen bij de apostelen. De dramatische kracht van dit moment is groter dan kilometers filmmateriaal ooit kunnen uitdrukken. Iedere man aan tafel is geschilderd als een in de tijd bevroren psychologisch portret dat zijn huidige, en zelfs zijn toekomstige gedachten verraadt. Hoewel allen verrast reageren, reageert iedere apostel op zijn eigen unieke manier. Zoals Leonardo schreef: 'De figuur die door zijn handelingen de roerselen van zijn ziel uitdrukt, verdient de meeste lof.' We kennen elk van deze individuen hoewel we hen nooit hebben ontmoet. Hoe vaak of intensief iemand de heilige schrift ook gelezen heeft, wanneer hij deze indrukwekkende schildering ziet, leeft iedere apostel voortaan op geheel nieuwe wijze in zijn gedachten voort. Met groot recht noemt Kenneth Clark *Het laatste avondmaal* 'het fundament van de Europese kunst'.

Leonardo is waarschijnlijk in 1495 aan de schildering begonnen en heeft haar voltooid tegen het einde van 1498. Dit was de periode waarin hij ook bezig was met het ruiterstandbeeld en met al die andere projecten die zoveel tijd opslokten. Hij bezat blijkbaar het uitzonderlijke vermogen zich volledig te concentreren op de taak die voor hem lag, ook al zou hij die later misschien niet eens meer afmaken. Daarvan getuigt ook deze passage uit een brief van de vijftiende-eeuwse schrijver Matteo Bandello:

Ik heb Leonardo vaak in alle vroegte naar het werk zien gaan om aan Het laatste avondmaal te schilderen. Hij bleef daar dan van zonsopgang tot zonsondergang zonder zelfs maar zijn kwast neer te leggen. Onophoudelijk schilderde hij door, zonder eten of drinken. Dan gingen er drie of vier dagen voorbij waarin hij het werk niet aanraakte, maar iedere dag uren lang de schildering zat te bestuderen en zijn figuren kritisch te bekijken. Als hij daar zin in had, verliet hij soms de Corte Vecchia, waar hij werkte aan dat enorme terracotta paard, en ging rechtstreeks naar de Grazie. Daar klom hij op de steiger, voegde een paar penseelstreken toe aan een van de figuren en ging dan plotseling weer ergens anders heen.

54 Deze onregelmatige manier van werken, hoewel zeer kenmerkend voor Leonardo, betekende de ondergang van de fantastische schildering. Bij het maken van een fresco moet het deel van het oppervlak dat geschilderd wordt, op dezelfde dag worden geprepareerd en voltooid, aangezien de techniek gebruikmaakt van kleuren op waterbasis op een ondergrond van natte pleister. Om dit probleem te omzeilen gebruikte Leonardo droge pleister en een verfmengsel van olie en vernis, dat echter niet bestand bleek tegen vochtigheid en de tand des tijds. Twintig jaar na voltooiing waren de eerste tekenen van verval al zichtbaar, en tegen de tijd dat Vasari in 1556 de schildering zag, was de situatie nog verergerd. In de loop van de eeuwen zijn er negen vergeefse pogingen gedaan het werk te restaureren, maar deze deden het werk meer kwaad dan goed. Toen ik in 1995 in het refectorium was, kon ik alleen maar de grootsheid van Leonardo's prestatie onderscheiden omdat ik wist waar ik op moest letten. Inmiddels heeft een team van uiterst bekwame restaurateurs een twintig jaar durend project afgerond, waarin ze erin zijn geslaagd de verloren gewaande essentie van het werk grotendeels weer tot leven te wekken.

Waar ging Leonardo naartoe wanneer hij 'plotseling weer ergens anders heen' ging? We hebben hierover een mededeling van broeder Sabba di Castiglione, die de schepping en uiteindelijk de vernietiging van het ruiterstandbeeld heeft meegemaakt: 'Hoewel hij eigenlijk zijn aandacht had moeten richten op zijn schilderwerk, waarin hij ongetwijfeld Appelles zou hebben geëvenaard [De Griek Appelles, vierde eeuw voor Christus, werd als de grootste schilder uit de Oudheid beschouwd], besteedde hij al zijn tijd aan geometrie, architectuur en anatomie.' Natuurlijk had hij ook nog allerlei andere opdrachten waaraan hij moest werken. De belangrijkste daarvan was een altaarstuk voor de Broederschap van de Onbevlekte Ontvangenis. Hierbij werkte hij samen met de schilder Ambrogio de Predis: Leonardo zou het middenpaneel schilderen en Predis de zijpanelen. Van deze prachtige *Madonna in de grot* zijn twee versies bewaard gebleven; één – waarschijnlijk de vroegste – bevindt zich in het Louvre, de andere in de National Gallery in Londen. Dit werk is tussen 1483 en 1490 uitgevoerd, onder voortdurend gesteggel tussen de broederschap en de kunstenaars over honoraria en andere contractuele verplichtingen. De meeste renaissancekunstenaars raakten in dergelijke onaangename conflicten verzeild, maar Leonardo wel in het bijzonder omdat hij nu eenmaal de reputatie bezat dat hij projecten afblies of op zijn minst niet op tijd afleverde. Dit gold ook voor de *Madonna in de grot*. Het altaarstuk had eigenlijk klaar moeten zijn voor het feest van de Onbevlekte Ontvangenis op 8 december 1483, maar het werd niet eerder voltooid dan in 1486. Vandaar de langdurige ruzie over de betaling.

In de nasleep van de verwoestende pestepidemie in 1484-85, die volgens de bronnen aan zo'n vijftigduizend mensen het leven heeft gekost, zette Leonardo zijn pet van stadsplanner op en besteedde veel tijd aan plannen voor een herbouw van Milaan. Met het oog hierop had hij zelf onderzoek verricht naar de vereisten voor volksgezondheid en hygiëne. Ook in dit opzicht was hij zijn tijd ver vooruit. Hij ontwierp een systeem met straten op twee niveaus. Het hoogste niveau was bedoeld voor voetgangers, het laagste voor voertuigen. De niveaus werden geflankeerd door zuilengangen en waren onderling verbonden door middel van trappen. Hij construeerde een zodanig systeem van straten en grachten dat goederen voor winkels en andere gebouwen op het laagste niveau per boot konden worden aangevoerd.

De nieuwe stad moest worden gebouwd bij de zee of bij een grote rivier, zoals de dichtbij gelegen Ticino, een waterweg die niet modderig werd bij regenval. Zo zou de rivier niet alleen een betrouwbare bron van schoon water zijn, maar ook de irrigatiesystemen voeden die in de vlakte van Lombardije gepland waren. De bevolking moest in groepen van dertigduizend inwoners evenredig in tien stadsdelen langs de rivier worden ondergebracht, 'om de mensenmassa's gelijkmatig te verdelen, die nu opeengepakt leven als vee, waarbij ze de lucht vervullen met stank en de kiemen van pest en dood verspreiden', zoals Leonardo schreef. Leonardo vond, zoals stedebouwkundigen van later eeuwen, dat een stad als een op zichzelf staande sociale entiteit de waarden van zijn bevolking moet weerspiegelen. Wanneer de willekeurige en stuurloze groei van een stad heeft geleid tot omstandigheden die niet langer de hoogste doelen van zijn bestuurders en inwoners symboliseren, moet de stad met grond gelijk gemaakt en opnieuw opgebouwd worden, totdat zijn structuur de fysieke uitdrukking is van zijn meest verheven ambities.

Hoe prijzenswaardig het project ook was, Ludovico heeft er nooit ook maar één deel van gerealiseerd. Had hij dat wel gedaan, dan had de herbouw van Milaan mogelijk kunnen dienen als blauwdruk voor de reconstructie van andere Europese steden, die vaak minstens zo verstopt en smerig waren als bepaalde delen van Milaan. De kosten zouden echter enorm zijn geweest, en die roerige tijden waren niet bepaald het gunstigste moment voor een dergelijke onderneming, zelfs niet wanneer Ludovico zich wél voldoende had bekommerd om het welzijn van zijn armste onderdanen. Leonardo had principes van volksgezondheid en hygiëne als basis genomen voor het ontwerp van een stad, een uitgangspunt dat pas eeuwen later opnieuw zou worden gewaardeerd.

Gedurende zijn hele Milanese periode was Leonardo betrokken bij bouwkundige projecten. Het belangrijkste daarvan was de voltooiing van de grote kathedraal, waaraan hij tussen 1487 en 1490 heeft gewerkt. Hij had een houten model laten maken voor het ontwerp van de dom, maar verloor later zijn belangstelling; dat is alles wat we weten van zijn betrokkenheid bij dit project. In het kader van deze onderneming heeft hij echter wel een reeks bezoeken afgelegd aan de hertogelijke bibliotheek van Pavia en de stedelijke universiteit. Eveneens pleegde hij aan het medisch instituut anatomisch onderzoek op zowel menselijke als dierlijke kadavers. (Nogmaals, als O'Malley en Saunders gelijk hebben, heeft hij de ontledingen op menselijke lichamen geobserveerd, maar niet zelf uitgevoerd.) Zijn aantekenboeken uit deze tijd bevatten tekeningen en beschrijvingen van de menselijke hersenen en de hersenzenuwen, naast verslagen van experimenten die hij uitvoerde op het ruggenmerg van kikkers.

In die tijd was Fazio Cardan hoogleraar wiskunde aan de universiteit van Pavia. Hij was de vader van Jerome Cardan, een bekend wis- en natuurkundige wiens werk nog steeds van groot historisch belang is. Fazio had John Peckhams *Perspectiva communis* uitgegeven, een standaardwerk op het gebied van de optica, dat Leonardo vaak had bestudeerd en met hem besproken. Via deze studie en de lange discussies met Cardan had Leonardo zijn kennis over perspectief, wiskunde en de functie van het oog verder verdiept. Hij was met name geïnteresseerd in het oog, niet alleen als voorwerp van studie op zichzelf, maar omdat het oog het medium was waardoor alle zichtbare verschijnselen de geest bereikten. 'Het oog,' schreef hij, 'dat ook wel het venster van de ziel wordt genoemd, is het voornaamste middel voor het centrale zintuig om volledig en overvloedig de oneindige werken van de natuur te kunnen bewonderen.' Let wel, Leonardo spreekt niet, zoals vrijwel ieder ander in die tijd, over 'de oneindige werken van God', maar over die van de natuur. Wat van God was, liet hij over aan de geestelijkheid, wat van de natuur was, beschouwde hij als zijn eigen werkterrein. Het was een uitspraak die opmerkelijk modern aandoet.

Voor Leonardo was wiskunde de uiteindelijke sleutel tot het begrip van de natuur die hij zo zorgvuldig bestudeerde. Hij dacht daarbij niet alleen aan mechanica en de bewegingswetten, maar aan alle wetenschap, inclusief de biologie van de mens. Hij vermaande iedereen die de verschijnselen van de natuur onderzocht: 'Studenten, bestudeer de wiskunde en bouw geen huis zonder fundament.' Meer dan een eeuw ging er voorbij voordat er algemene erkenning bestond voor de waarheid van zijn overtuiging: 'Geen enkel menselijk onderzoek kan als ware kennis betiteld worden als er geen wiskundige bewijsvoering op volgt.'

Jerome, Fazio's onwettige zoon, de grote wiskundige die in 1547 hoogleraar geneeskunde werd aan de universiteit van Pavia, was net als Leonardo geïnteresseerd in de toepassing van wiskundige principes op natuurlijke verschijnselen. In een aan kunst gewijd hoofdstuk uit zijn magnum opus uit 1551, *De subtilitate rerum*, herhaalde hij Leonardo's overtuiging dat de schilderkunst de hoogste en meest veeleisende kunstvorm is. Op de slotzin na had de volgende passage volledig door de overleden vriend van zijn vader geschreven kunnen zijn. In deze laatste zin wijst Cardan erop dat Leonardo de eerste kunstenaar was die inzag wat de ideale eigenschappen van een groot schilder waren en die ze ook nog eens een keer allemaal bezat.

De schilderkunst is de fijnste ambachtelijke kunstvorm, en de edelste. Schilderkunst brengt bewonderenswaardiger werken voort dan poëzie of beeldhouwkunst. De schilder werkt met schaduwen en kleuren en voegt er een element van beschouwing aan toe. Hij moet kennis hebben van alle dingen omdat alles voor hem van belang is. De schilder is een wetenschapsfilosoof, een architect en een bedreven anatoom. De kwaliteit van zijn weergave van alle delen van het menselijk lichaam hangt hiervan af. De eerste die dit inzag en tot in de perfectie in de praktijk bracht, was Leonardo da Vinci uit Florence.

De vriendschap met Fazio Cardan was zeer belangrijk voor Leonardo's intellectuele ontwikkeling, maar Luca Pacioli, de meest eminente wiskundige uit die tijd, zou een nog grotere invloed uitoefenen, en gedurende een langere tijd. Pacioli, lid van de franciscaner orde, had als docent een uitstekende reputatie aan diverse Italiaanse universiteiten. Leonardo was al goed bekend met zijn zeer gewaardeerde *Summa de aritmetica, geometrica, proportioni et proportionalita* uit 1494, toen Ludovico de wiskundige in 1496 uitnodigde naar Milaan te komen. Kort na Pacioli's komst raakten de twee goed bevriend en al spoedig woonden ze samen in Leonardo's huishouden. Ze hielpen elkaar bij hun studie van de mathematische grondslagen van hun respectievelijke vakgebieden. Zo onderwees Pacioli zijn vriend als het ware in de hogere wiskunde, leerde hem werken met wortels en verdiepte zijn kennis van de geometrie. Met name op het gebied van verhoudingen en perspectief bewees Leonardo's relatie met Pacioli haar grote waarde. Pacioli's volgende traktaat, *De divina proportione*, bevatte zestig illustraties van de hand van Leonardo, waaronder zijn beroemde tekening van de verhoudingen van het menselijk lichaam. Hij gebruikte voor deze tekening de klassieke vorm die geïntroduceerd was door de Romeinse architect Vitruvius, die geloofde dat de volmaakte verhouding van een gebouw gebaseerd moest zijn op de verhoudingen van het menselijk lichaam. Leonardo gaf deze proporties weer door een man af te beelden met uitgestrekte armen en benen, binnen een vierkant en een cirkel. Hoogstwaarschijnlijk heeft zijn bijdrage aan dit boek hem geïnspireerd tot zijn latere eigen werk over menselijke lichaamsverhoudingen.

Pacioli schreef in 1498 aan Ludovico: 'Met grote toewijding heeft Leonardo zijn prijzenswaardige boek over schilderkunst en menselijke beweging voltooid.' Wat hij hiermee bedoelde is niet duidelijk. Had Leonardo een boek gepubliceerd met deze titel? Later hebben andere mensen notities uit Leonardo's aantekenboeken samengevoegd tot een monografie die in 1651 is gepubliceerd onder de titel *Traktaat over schilderkunst*. Veel mensen hebben daarom ten onrechte gedacht dat het hier inderdaad om een voltooid boek van de meester ging.

Als Ludovico behendiger in de politiek, gelukkiger in zijn bondgenootschappen of bedrevener in de oorlogsvoering was geweest, zou Leonardo misschien wel de rest van zijn leven in Milaan hebben doorgebracht. Maar Il Moro was geen van drieën. Vooral in zijn relaties met Frankrijk schijnt hij als politicus, als diplomaat en als krijgsman een ongelukkige hand te hebben gehad. Koning Lodewijk XI, die erin geslaagd was Frankrijk te verenigen, had Ludovico ondersteund bij zijn intriges om het hertogdom van Milaan te bemachtigen. Na Lodewijks dood in 1483 zag Ludovico zich daardoor opeens opgescheept met een bondgenootschap met diens onbekwame jonge zoon en opvolger Karel VIII. Aangezien Karel aanspraken maakte op de troon van Napels, een van Milaans traditionele vijanden, (die hij in 1493 inderdaad bemachtigde) leek het vanzelfsprekend dat Ludovico hem en zijn leger uitnodigde naar Milaan te komen voor een ceremonieel bezoek. Rancune van de kant van de Milanezen en wangedrag van de kant van de Franse soldaten leidden tot aanzienlijke spanningen. Hier maakte Ludovico zijn eerste grove fout. De paus en de republiek Venetië vormden een coalitie tegen Frankrijk. Ludovico verbrak nu zijn bondgenootschap met de Fransen en voegde zich, samen met Oostenrijk, bij dit verbond. Gezamenlijk slaagden ze erin Karel naar Frankrijk terug te drijven, waar hij in 1498 stierf. Hij werd opgevolgd door Lodewijk XII, een kleinzoon uit de familie Visconti, die de troon tegen haar wil had moeten afstaan aan Francesco Sforza. Het kwam niet als een verrassing dat Lodewijk een claim legde op de Milanese troon; en het kwam ook niet als een verrassing dat de Venetianen en de paus hun ongemakkelijke alliantie met Ludovico opzegden en de Franse koning ondersteunden bij zijn aanval op het hertogdom. Il Moro stelde niet eens de kracht van de verdedigingswerken rond zijn ogenschijnlijk onneembare stad op de proef. Zodra hij hoorde dat de Fransen in aantocht waren, vluchtte hij naar Innsbruck om bescherming te zoeken bij de man van zijn nicht, keizer Maximiliaan I. In de zomer van 1499 trok Lodewijk ongehinderd aan het hoofd van een groot leger Milaan binnen. Onder zijn soldaten bevonden zich de Gasconse boogschutters die het terracotta model van het grote ruiterstandbeeld vernietigden.

Ook Leonardo zag het mene-tekel. Ondanks zijn regelmatig gemopper over honoraria, had hij toch op een of andere manier zeshonderd florijnen weten te sparen (volgens sommigen had hij toevallig vlak daarvoor geld ontvangen van enkele schuldenaren). Dit geld stuurde hij in december 1499 naar een bank in Florence, ter voorbereiding van zijn vertrek uit de stad die zoveel jaren zijn thuis was geweest. Met Pacioli, een favoriete leerling genaamd Andrea Salai en enkele andere vrienden en bedienden vertrok hij naar Mantua. In deze veilige haven wilde hij de loop van de gebeurtenissen in Milaan afwachten. Na slechts een kort verblijf in deze stad, ging hij naar Venetië en ten slotte in april 1500 terug naar Florence, toen hij begreep dat de pogingen van zijn Milanese beschermheer om terug te keren op de troon tevergeefs waren. Leonardo was net 48 jaar geworden.

Intussen had Ludovico met hulp van Maximiliaan in februari 1500 Milaan weer in handen gekregen, maar in april van dat jaar deserteerden de Zwitserse huurlingen uit zijn leger, dat zich gesteld zag tegenover een sterke Franse troepenmacht nabij Novara. Ludovico werd gevangengenomen toen hij vermomd als Zwitserse piekenier probeerde te ontsnappen. Hij werd naar Frankrijk gebracht en in het kasteel van Loche in Touraine in een kerker gegooid, waar hij bleef tot aan zijn dood in 1508.

Al de trieste gebeurtenissen hebben aan Leonardo, waarschijnlijk bij zijn vertrek uit Venetië toen hij zich realiseerde dat hij niet meer naar Milaan zou terugkeren, het volgende melancholische commentaar ontlokt: 'De gouverneur is gevangengezet, de graaf afgevoerd en zijn zoon vermoord; de hertog is zijn staat, zijn bezittingen en zijn vrijheid kwijt, en hij heeft niets van zijn werk kunnen voltooien.' De korte glorietijd van de Sforza's was voorbij. Maar Leonardo moet voor zichzelf toch nog mogelijkheden hebben gezien om terug te keren naar de stad waar hij zoveel had bereikt en zoveel onvoltooid had gelaten. Hij verkocht zijn wijngaard niet, maar besloot hem te verhuren.

Op 24 april 1500 haalde Leonardo in Florence zeshonderd florijnen van de bank. Dat moet dus ongeveer de datum zijn geweest waarop hij daar arriveerde. Hij keerde echter terug in een stad die in zijn achttienjarige afwezigheid zeer veranderd was.

# HOOFDSTUK 4

# Florence, 1500-1502
# Rome, 1502-1503
# Florence, 1503-1506

Florence moet een vreemde indruk op Leonardo hebben gemaakt. De Medici's waren een paar jaar na zijn vertrek verbannen en inmiddels hadden de Franse troepen van Karel VIII de stad bezet. De Florentijnen hadden met ernstige economische gevolgen hun financiële reserves aangesproken; door Karel enorme omkoopsommen te geven hadden ze geprobeerd zijn vertrek af te dwingen. De Fransen lieten zich echter niet verleiden en bleven een bedreiging vormen, evenals de troepen van paus Alexander VI. Een andere, minder openlijke bedreiging was het overlevende familiehoofd van de Medici, Piero, die op dat moment plannen beraamde om opnieuw de macht te grijpen. En alsof dat allemaal nog niet genoeg was, kwam ook nog een keer de stad Pisa in opstand. Hoewel Florence nu een republiek was geworden, hing het onheil in de lucht.

Op 48-jarige leeftijd bereikte Leonardo een periode in zijn leven die beschouwd werd als de oude dag. Die betiteling was niet eens gebaseerd op de gemiddelde levensverwachting van die dagen, die achteraan in de dertig lag, maar op het feit dat het afnemen van de krachten toentertijd veel eerder merkbaar was dan tegenwoordig. Hij was niet meer de veelbelovende jonge kunstenaar met een briljante toekomst. Hoewel het ruiterstandbeeld van Sforza en *Het laatste avondmaal* uiteindelijk op een mislukking uitdraaiden, was hij mede door deze kunstwerken wel beroemd gewor-

63

den in heel Italië en waarschijnlijk in heel Europa. Ook zijn wetenschappelijke en wiskundige studies – hoewel maar weinigen de details ervan kenden – droegen bij aan zijn reputatie als genie. De terugkeer van Leonardo was voor de Florentijnen een bron van optimisme, en ondanks zijn hoge leeftijd bleef hij energiek en vol geestdrift. De verwachtingen waren daarom hooggespannen, maar die algemene blijdschap over Leonardo's aanwezigheid werd blijkbaar niet gedeeld door een humeurige 25-jarige estheet genaamd Michelangelo Buonarroti, die in die jaren opgang maakte als de meest getalenteerde jonge kunstenaar van de stad.

In bepaalde opzichten was Leonardo echter een ander mens dan tijdens zijn eerste verblijf in Florence. De kwaliteiten waarmee hij als jongeman zoveel indruk had gemaakt, waren met geweldige prestaties tot volle wasdom gekomen, ook al had hij veel dingen onvoltooid of zelfs onbeproefd gelaten. Zijn reputatie als militair ingenieur was voortreffelijk hoewel Ludovico vrijwel niets van zijn plannen had verwezenlijkt; hij werd beschouwd als een groot architect hoewel hij maar weinig concrete resultaten kon laten zien; zijn organisatie en regie van stedelijke festivals was wijd en zijd bekend (maar hij had er inmiddels de buik vol van); en zijn fascinatie voor wiskunde, mechanica en wetenschap was zo zeer gegroeid dat deze gebieden hem volledig in hun macht hadden; hij was als een minnaar wiens hele handel en wandel gericht is op het moment waarop hij zich weer kan koesteren in de armen van zijn geliefde.

Maar ondanks al deze ontwikkelingen in zijn reputatie, zijn interessen en zelfs zijn vaardigheden, was Leonardo in wezen niet veranderd. Hij bleef de warme en attente man die hij altijd was geweest. Hij bleef de trouwe steunpilaar voor zijn vrienden en de mensen die afhankelijk van hem waren, of zij nu artistieke en intellectuele collegae of gewone leden van zijn huishouden waren, zoals de knappe jongemannen en jongens die altijd deel schenen uit te maken van zijn leven. Hij bleef ook een verwoed lezer, die altijd probeerde zijn kennis van literatuur en wetenschap te verdiepen. Ten koste van alles wilde hij voorkomen dat hij in zijn kunst en zijn studie van de mechanica en de natuur fouten zou maken die voortkwamen uit pure onwetendheid. Maar de ernstigste fouten die iemand kon maken, waren in zijn ogen de fouten die ontstonden doordat men het onafhankelijk denken liet varen. Hoewel hij las en leerde om zijn kennis te vermeerderen, wist Leonardo dat de persoonlijke ervaring met de verschijnselen en wetten van de natuur de kortste weg naar de waarheid was: 'Het grootste boek van alle, ik bedoel het boek van de natuur, ligt opengeslagen voor ons,' schreef hij.

Natuurlijk had Leonardo geen idee van de mate waarin hij was beïnvloed door denkers van voor zijn tijd. De geneeskunde en de anatomie werden gedomineerd door de opvattingen van de tweede-eeuwse Griekse arts Galenus, zoals die geïnterpreteerd en overgeleverd waren door Arabisch sprekende artsen. Galenus en de Arabieren waren de achtergrond waartegen hij zocht naar nieuwe kennis; *sotto voce* bleven ze tot hem spreken, ook al deed hij nog zo zijn best zijn oren dicht te stoppen. Ofschoon hij vrijer was van zulke ingebakken vooroordelen dan wie dan ook in de eeuwen na hem, werd ook hij belast, hoe lichtjes ook, met algemeen geaccepteerde ideeën die onbewust een invloed op zijn denken uitoefenden.

De verzamelde filosofieën en twijfelachtige theorieën van zijn voorgangers spraken Leonardo echter totaal niet aan, en hij voelde er niets voor deze te gebruiken in zijn eigen studies. 'Wie toegang heeft tot de bron, gaat niet naar de waterkruik,' verkondigde hij, en zijn hele onderzoekende leven bleef hij trouw aan die gedachte. Door zich uitsluitend te baseren op zijn eigen nauwkeurige experimenten, die hij eindeloos herhaalde om maar zeker te zijn van hun precisie, maakte hij korte metten met de vooringenomenheid van de contemporaine schoolmeesters. Hij droeg het predikaat van 'ongeletterd man' met trots; hij zag het als een symbool voor zijn streven uitsluitend te vertrouwen op zijn eigen onbevooroordeelde waarnemingen en niet af te gaan op de oordelen van anderen. Zijn antwoord op mensen die vertrouwden op vroegere denkers om hun ideeën vorm te geven, was klip en klaar. Toen hij bijna veertig werd, schreef hij in een van zijn aantekenboeken:

Er zijn mensen die mij laatdunkend 'ongeletterd' noemen. Ik weet het: ze zijn er in hun arrogantie van overtuigd dat ze me niet serieus hoeven nemen omdat ik geen literaire scholing heb gehad. Dwazen! Ze weten niet dat ik hen zou kunnen pareren met de woorden die Marius tegen de Romeinse patriciërs sprak: 'Zij die lopen te pronken met het werk van anderen, gunnen mij mijn eigen werk niet.' Ze beweren dat ik mij door gebrek aan literaire vaardigheden niet helder kan uitdrukken. Ze begrijpen echter niet dat mijn onderwerpen door ervaring moeten worden verwerkt, en niet in woorden moeten worden omschreven. En ervaring is de meesteres geweest van alle goede schrijvers. Dus omdat ze mijn meesteres is, zal ik haar in alle gevallen citeren. Ik kan inderdaad niet, net als zij, andere schrijvers citeren, maar ik vertrouw op iets wat veel groter en waardevoller is: op ervaring, de meesteres van hun meesters. Zij lopen gewichtig te doen en te pronken met de vruchten van andermans werk en niet dat van henzelf. Ze gunnen mij echter mijn werk niet. Ze minachten mij als uitvinder. Zelf zijn ze echter geen uitvinders, maar slechts opscheppers en arrogante criticasters van anderen; zij verdienen het dus als geen andere om terechtgewezen te worden.

Na verloop van tijd realiseerde hij zich dat zijn literaire vaardigheden door zijn onophoudelijke lectuur en zelfstudie aanzienlijk waren toegenomen, ondanks zijn gebrekkige kennis van het Latijn: 'Ik heb in mijn moedertaal zoveel woorden tot mijn beschikking, dat ik me er meer zorgen over maak of ik alles wel begrijp dan of ik de goede woorden kan vinden om mijn ideeën uit te drukken.'

Er was nog een punt waarin Leonardo niet veranderd was: hij was nog steeds niet in staat veel van de opdrachten die hij aannam, te voltooien. De situatie was zelfs nog erger geworden dan voorheen. Naarmate hij meer in beslag werd genomen door de wetenschap, werd hij hoe langer hoe ongeduldiger ten aanzien van alles wat zijn onderzoekingen en uitvindingen in de weg stond. Een project dat hij vlak na zijn terugkeer naar Florence op zich nam, is daar een goed voorbeeld van.

De broeders van de servietenorde in Santissima Annunziata hadden de kunstenaar Filippino Lippo gevraagd een altaarstuk voor hen te schilderen, maar deze trok zich terug toen hij hoorde dat Leonardo belangstelling voor de opdracht had. De monniken lieten de veelgeprezen ster en zijn volledige huishouden intrek nemen in hun klooster en betaalden al hun onkosten. Vasari beschrijft wat er toen gebeurde:

> Hij liet zich hun zorgen een tijdje welgevallen. Uiteindelijk maakte hij een getekende voorstudie waarin hij de Madonna, de heilige Anna en het kindje Jezus zo fantastisch afbeeldde dat niet alleen kunstenaars onder de indruk waren. De kamer waar de tekening stond, was twee dagen lang volgepakt met mannen en vrouwen die toegestroomd waren om de wonderen van Leonardo te bekijken... Leonardo schilderde toen het portret van Ginevra, de vrouw van Amerigo Bengi, een prachtig werkstuk, en besteedde geen aandacht meer aan de opdracht van de servieten.

We weten niet waarom Leonardo het werk voor de monniken onvoltooid liet en een andere opdracht aannam, maar deze manier van doen typeert hem. Waarschijnlijk heeft hij ook het portret van Ginevra nooit afgemaakt. Wat hij er wel van gedaan heeft, is blijkbaar verloren gegaan, hoewel sommige geleerden beweren dat Vasari een fout in de chronologie maakte, en dat het portret van Ginevra uit Leonardo's eerste Florentijnse periode stamde. Maar of het hier ging om het portret van Ginevra of om een ander werk, is eigenlijk niet zo belangrijk. Hij maakte het niet af, en dat overkwam Leonardo vaak omdat hij zelden tevreden was over zijn schilderijen. Werken waarvan anderen zouden zeggen dat ze af waren, beschouwde Leonardo vaak als onvoltooid. Zijn ideeën over perfectie waren gebaseerd op criteria die voor de meeste mensen te hoog gegrepen waren. Vasari zegt daarover:

> Vanwege zijn diepe inzicht in de kunst begon Leonardo aan allerlei opdrachten waarvan hij de meeste niet afmaakte. Hij vond dat hij met de hand nooit de perfectie kon bereiken die het ontwerp dat hij in gedachten had of in zijn verbeelding voor zich zag, toekwam. Want vaak vormde hij in zijn hoofd een moeilijk concept, zo verfijnd en zo wonderbaarlijk dat er geen handen waren, hoe vaardig dan ook, die er ooit uitdrukking aan konden geven.

Toch was hij in deze vier jaren in Florence ongekend productief, althans wat betreft het aantal schilderijen dat onder zijn directe supervisie zijn atelier verliet. Veel van de productie uit deze tijd is verloren gegaan, maar er zijn voldoende berichten bewaard om aan te geven dat er ondanks zijn tegenzin veel artistiek werk tot stand is gebracht.

Uit de brief die Pietro di Novellara in 1501 aan Isabella d'Este van Mantua schreef en waaruit we in hoofdstuk 1 reeds geciteerd hebben, weten we het een en ander over de dingen waardoor Leonardo zich in zijn tweede Florentijnse periode liet afleiden. Het was in Florence alom bekend dat de meester af en toe een paar penseelstreken toevoegde aan schilderijen die leerlingen in zijn naam uitvoerden, maar dat hij verder nauwelijks bij de productie betrokken was.

Hoewel Leonardo steeds minder belangstelling had voor het schilderwerk, moest er natuurlijk wel brood op de plank komen. Een mogelijkheid om zijn financiële situatie te verbeteren werd hem spoedig geboden door de nooit aflatende politieke troebelen op het Italiaanse schiereiland en door de persoonlijke aanwezigheid van Cesare Borgia, de prins uit het werk van Machiavelli.

In 1501 gaf paus Alexander VI zijn onwettige zoon, de gewetenloze Cesare, de titel van hertog van Romagna, een groot gebied in centraal Italië. Voorgaande pogingen van de paus om een goede toekomst voor zijn beruchte nakomeling te regelen, hadden ertoe geleid dat Cesare op zijn zestiende aartsbisschop van Valencia werd, en een jaar later kardinaal. Maar zelfs in die dagen van verraad en corruptie waren er grenzen aan wat nog werd getolereerd, en de losbandige Cesare toonde al snel aan dat hij niet geschikt was voor een klerikale carrière. Zijn hang naar wereldlijke macht was zo groot dat hij afstand deed van zijn positie en zijn mijter door een helm verving. Hij was vastbesloten zich aan het hoofd van een of ander erfelijk vorstendom te nestelen, ongeacht het verraad en de wreedheid die nodig waren om de diverse provincies en steden aan zijn soevereiniteit te onderwerpen. Al snel had hij een ervaren militair ingenieur en architect nodig.

Tegen de tijd dat hij Leonardo vroeg deze functies op zich te nemen, had Cesare al een aantal indrukwekkende militaire successen geboekt en was hij alom berucht vanwege zijn gewelddadige methoden en zijn tirannieke bewind. Om al zijn aanspraken in een enkele titel te verwoorden, noemde hij zichzelf: 'Cesare Borgia van Frankrijk, bij de gratie van God hertog van Romagna en van Valencia en Urbino, prins van Andria, heer van Piombino, Gonfaloniere, en kapitein-generaal van de Heilige Roomse Kerk'. Zijn aanspraak op Frankrijk was een beetje geforceerd: hij was onlangs in het huwelijk getreden met Charlotte d'Albreta, de zuster van de koning van Navarra, waarna Lodewijk xii hem de titel verleende van hertog van Valentinois.

Nu zou men misschien denken dat Leonardo, een vriendelijke, vreedzame man met een afschuw van politiek gekonkel, geweigerd zou hebben in dienst te treden bij zo'n tiran. Niets is minder waar. Leonardo was natuurlijk ook dezelfde man die Ludovico Sforza zijn plannen had gestuurd voor verschrikkelijke vernietigingswapens. Hij was ook de man die zijn hele leven lang al een fascinatie had gekoesterd voor het ontwerpen van allerlei soorten machinerieën. Hij was bovendien een zeer praktisch man. Hij moest zichzelf en de mensen die van hem afhankelijk waren, onderhouden. En vooral wilde hij zijn financiën zo goed geregeld hebben dat hij zijn onderzoekingen kon voortzetten zonder zich te hoeven bekommeren om zijn inkomen. Gaan werken voor Cesare was voor Leonardo waarschijnlijk gewoon een verstandig besluit. Hij had iets dergelijks al eens vaker gedaan en zou het in de toekomst weer doen. Intriges, politiek, macht en ideologie leken nooit een rol te spelen. Leonardo's enige motief was dat hij zichzelf de vrijheid wilde verschaffen Leonardo te zijn.

Hij kreeg opdracht de forten en verdedigingswerken van Cesares hertogdom te inspecteren en alle aanpassingen en herstelwerkzaamheden uit te voeren die hij nodig achtte. Zijn advies over de bewapening was misschien de reden dat Nicolò Machiavelli in 1502 kon schrijven: 'De hertog heeft zoveel artillerie in zo'n goede staat dat hij in feite bijna heel

Italië in zijn bezit heeft.' Telkens wanneer een stad het slachtoffer was geworden van Cesares troepen en intriges, ging Leonardo ernaartoe. Hij voerde niet alleen zijn strikte taken uit, maar nam ook de gelegenheid te baat om de topografie van de streek te bestuderen, kaarten te maken en methoden te ontwerpen om er de moerassen droog te leggen. De zomer van 1502 en de winter van 1502-1503 besteedde hij aan dit werk; hij keerde terug naar Florence toen de campagne werd beëindigd en Borgia in februari 1503 terugging naar Rome. Hij ontving echter geen stuiver van de grote financiële beloning die hem in het vooruitzicht was gesteld en terwijl hij had gehoopt een fikse storting te kunnen doen, moest hij op 4 maart vijftig gouden florijnen van zijn rekening halen. Cesare zou spoedig een reeks tegenslagen te verduren krijgen die culmineerden in zijn smadelijke dood in een schimmig handgemeen met Navarrese rebellen in 1507.

Ook de Florentijnen zouden spoedig gebruikmaken van Leonardo's vaardigheden als militair ingenieur; in juli 1503 werd hem gevraagd de troepenmacht te adviseren die een beleg voor Pisa had geslagen. Hij ontwierp plannen voor een kanaal met een ingenieus systeem van sluizen en kolken. Leonardo stond een tweeledig doel voor ogen: hij wilde de watertoevoer van de verdedigers afsnijden en tegelijkertijd Florence een toegang tot de zee verschaffen. Hiertoe moest de loop van de Arno verlegd worden. In augustus nam het project een aanvang, maar om onduidelijke redenen werd het na bijna twee maanden afgeblazen.

Misschien heeft Leonardo meteen na zijn terugkeer in Florence in 1500 en 1501 het ontleedmes weer ter hand genomen. De biografen verschillen hierover van mening. Zeker is wel dat hij in de loop van 1503 in ieder geval weer was begonnen ontledingen te verrichten in het Santa Maria Nuovaziekenhuis, wat nu relatief gemakkelijk was omdat hij vlak bij – volgens sommige commentatoren zelfs in – het hospitaal woonde. Hij had inmiddels een behoorlijke vaardigheid in het ontleden opgedaan en kon nu enkele uiterst accurate observaties doen die hem van tevoren zouden zijn ontgaan. Natuurlijk werd het ontleden alleen maar interessanter nu zijn bekwaamheid groter was, en al spoedig liet het werk hem niet meer los. Hij schreef dat hij in het ziekenhuis een man ontmoette die beweerde honderd jaar te zijn en in blakende gezondheid leek te verkeren. Kort daarna overleed de oude man plotseling terwijl hij rechtop in bed zat, en Leonardo, die 'sectie pleegde om de oorzaak van zo'n zachte dood te achterhalen', kwam erachter dat de dood was veroorzaakt door 'een haperende bloedtoevoer en het slecht functioneren van de ader die de voeding verzorgt voor het hart en de onderste ledematen, die erg verschrompeld, gekrompen en uitgedroogd bleken te zijn; ik heb het resultaat van dit onderzoek zeer nauwkeurig opgeschreven.' En nog directer: 'Doordat de wanden van de bloedvaten bij oude mensen dikker zijn, wordt het transport van het bloed bemoeilijkt. De toevoer stokt en beetje bij beetje verliezen oude mensen het leven door een langzame, koortsloze dood.'

Deze waarneming is verbijsterend. Leonardo beschreef hier aderverkalking van de aorta, en misschien zelfs een vernauwing van de kransslagaderen, honderden jaren voordat deze aandoeningen door artsen herkend werden. Wat Leonardo bedoelde met 'de ader die de voeding verzorgt voor het hart', is niet geheel duidelijk, maar gezien de accuratesse van zijn latere studies van deze delen van de anatomie, mogen we ervan uitgaan dat Leonardo al had gezien dat de kransslagaderen aftakkingen van de aorta zijn, die het hart van bloed voorzien. Hoe dan ook gaf hij duidelijk aan dat de verschrompeling van de onderste ledematen veroorzaakt werd door een gebrekkige bloedtoevoer – 'verschrompeld, gekrompen en uitgedroogd' – als gevolg van een vernauwing van de aderen. Leonardo deed deze waarneming in een tijd waarin aan de universiteiten nog steeds het dertien eeuwen oude geloof van Galenus werd onderwezen dat de ledematen werden gevoed door een mechanisme van eb en vloed dat bloed transporteert via bloedvaten die uit de lever ontspringen.

Het toeval heeft Leonardo een handje geholpen toen hij deze scherpzinnige observaties deed. Ongeveer tegelijkertijd met de sectie op de oude man heeft hij ook het lichaam van een twee jaar oud kind ontleed. Hij moet zeer getroffen zijn geweest door de verschillen tussen de bloedvaten van beide personen en de toestand van de structuren die ze van bloed voorzagen. Voor ons, tweehonderdvijftig jaar van pathologisch onderzoek later, lijkt de conclusie die Leonardo uit deze waarnemingen trok, een volkomen logische. Het is echter hoogst onwaarschijnlijk dat enig ander anatoom in die tijd tot dezelfde correcte slotsom was gekomen.

Dit tweede verblijf in Florence was de ideale gelegenheid voor een vroege titanenstrijd tussen Leonardo en de jonge Michelangelo, die inmiddels een behoorlijke antipathie tegen hem had opgebouwd. Tot nu toe hadden de schermutselingen voornamelijk een verbaal karakter gehad. De *Anonimo Gaddiono* vertelt twee anekdoten. In de eerste vraagt Leonardo aan de prikkelbare Michelangelo, 23 jaar jonger dan hij, of deze een passage uit Dante kan verklaren, waarop hij antwoordde: 'Geef zelf maar een verklaring. U hebt tekeningen van een paard gemaakt om het in brons uit te voeren; dat lukte u niet en daarna hebt u uit schaamte de opdracht niet voltooid.' De *Anonimo* gaat verder: 'Na die woorden draaide hij zich om en liet Leonardo met het schaamrood op zijn kaken achter.' Bij een andere gelegenheid hekelde Michelangelo zijn prooi met de woorden: 'Dus die Milanese flikkers hadden vertrouwen in u?' Het feit dat Leonardo bestond, was blijkbaar al een bron van irritatie voor de jongeman, en het is moeilijk voor te stellen dat Leonardo hem niet af en toe van repliek diende, ook al was hij nog zo geduldig en verdraagzaam.

Toen de gezagsdragers besloten dat de pas gebouwde raadskamer van Florence opgesierd moest worden met grote fresco's, wendden ze zich natuurlijk tot de twee beroemde kunstenaars om de tegenover elkaar liggende muren te schilderen. Het thema van Leonardo was de slag van Anghiari, waarin de Florentijnen de Milanezen in 1440 hadden verslagen; Michelangelo's opdracht was een scène waarin een Florentijnse troepenmacht tijdens het wassen vlak voor een veldslag door de Pisanen werd verrast.

Leonardo zette de grote plannen voor zijn werk op papier. Tussen de regels door lezen we zijn hele filosofie over de schilderkunst als middel om de geestesgesteldheid van het onderwerp vast te leggen:

Geef de verslagenen en overwonnenen een bleke kleur, maak hun wenkbrauwen opgetrokken en doorlopend, de huid boven hun wenkbrauwen doorgroefd van pijn; voorzie de zijkanten van de neus van rimpels die in een boog van de neusgaten tot aan de ogen lopen; de neusgaten opgetrokken en de lippen omhoog gekromd zodat de boventanden bloot liggen; de tanden van elkaar alsof er geschreeuwd en gejammerd wordt. Schilder één man met zijn hand voor zijn ontzette ogen, de handpalm naar de vijand gericht, terwijl hij met de andere hand zijn half overeind gekomen lichaam ondersteunt... Anderen kunnen in hun doodsstrijd worden afgebeeld: tandenknarsend, met rollende ogen, hun vuisten tegen hun lichaam gebald en hun benen ontwricht. Eén figuur is misschien door zijn tegenstander ontwapend en geveld; hij stort zich nu met hand en tand op zijn vijand om onmenselijk en bitter wraak te nemen... Een aantal overwinnaars verlaat het krijgsgewoel; met beide handen wrijven ze in hun ogen en over hun wangen om het vuil te verwijderen dat veroorzaakt wordt doordat hun ogen tranen van het stof en de rook.

Uiteraard waren er de gebruikelijke vertragingen, maar Leonardo werkte twee jaar lang aan de schetsen voor zijn muurschildering en was aan het eind van 1505 begonnen met het schilderwerk. Opnieuw waren er technische problemen. Volgens sommigen was de pleister waarop het werk werd aangebracht, van slechte kwaliteit. In ieder geval begonnen de kleuren van het bovenste gedeelte van de schildering uit te lopen toen de kunstenaar het werk probeerde te drogen met brandend houtskool. Leonardo had de schade misschien nog kunnen herstellen, maar hij liet het project voor wat het was en nam het niet meer ter hand, volgens sommigen omdat hij meer geïnteresseerd was in zijn studie van het vlieggedrag van vogels waar hij toen mee bezig was. Het bewijs hiervoor is dat hij inderdaad tussen half maart en half april van 1505 een traktaat schreef met de titel: *Over het vlieggedrag van vogels*. Interessant genoeg voltooide ook Michelangelo zijn opdracht niet; hij kwam nooit verder dan de schetsen voor de muurschildering.

Het is om allerlei redenen jammer dat de wereld verstoken is gebleven van deze monumentale muurschilderingen, die de briljante talenten van Leonardo en Michelangelo in één kamer bij elkaar zouden hebben gebracht. Met name is ons hier de kans ontnomen om de verschillende benaderingen van de menselijke figuur in actie van nabij te bestuderen. Michelangelo gaf de actie weer in de vorm van spierspanning; Leonardo zag actie ook wel als resultaat van mechanische krachten, maar zijn kunst werd toch vooral gekenmerkt door de uitdrukking van de onderliggende psychologie. Hij wist dat de oorsprong van actie in de geest ligt. De volgende woorden uit 1514 zijn ongetwijfeld aan zijn jongere tegenstrever gericht: 'Anatomische schilder, u probeert elke emotie van uw naakten uit te drukken door hun botten, zenuwen en spieren te sterk te accentueren. Pas echter op dat u geen houten schilder wordt.' In een bespreking van de bewaard gebleven studies van *De slag van Anghiari* vertelde C.J. Holmes, toenmalig directeur van de National Gallery in Londen, tijdens een lezing voor de Britse academie in 1922:

> Het motief bij Leonardo is, zoals altijd, psychologisch. Hij wil illustreren welk effect de 'beestachtige razernij' van de oorlog op de mens heeft, en in al zijn dierlijkheid en woeste vitaliteit loopt het ontwerp vooruit op Rubens. Zelfs de paarden zijn aangestoken door de waanzin van hun meesters en bijten zich letterlijk in elkaar vast.

Leonardo bood aan het voorschot dat hij voor de schildering had ontvangen, terug te geven, maar dit werd geweigerd; na al die vertragingen was de algemene verbittering over de mislukking te groot. Intussen had Charles d'Amboise, de gouverneur-generaal van Lodewijk XII in Milaan, een verzoek ingediend om voor drie maanden gebruik te mogen maken van de diensten van de kunstenaar. Na enig aandringen gaf de regering van Florence tegen haar zin toe. Aan het einde van 1506 of in het begin van 1507 – sommigen denken aan oktober 1508, na de verkiezing van paus Leo X – keerde Leonardo terug naar de stad waar hij zoveel verschillende opdrachten voor Ludovico Sforza had uitgevoerd.

Maar wij kunnen nog niet samen met Leonardo Florence verlaten. We moeten nog twee zaken bespreken, waaronder de dood van Ser Piero da Vinci in juli 1504; hij stierf op 77-jarige leeftijd en liet tien zonen en twee dochters achter. In een van Leonardo's aantekenboeken uit datzelfde jaar bevindt zich een notitie over de dood van Caterina en de kosten van haar laatste ziekbed en begrafenis. We zullen waarschijnlijk nooit weten of het hier Leonardo's moeder of een bediende met diezelfde naam betrof. De meningen onder de biografen zijn verdeeld. Als de vrouw in kwestie inderdaad Leonardo's moeder was, impliceert deze notitie dat hij vermoedelijk al die jaren contact met haar heeft onderhouden, hoewel ze nergens in zijn aantekenboeken vermeld staat. Deze mogelijkheid zal een rol spelen bij onze interpretatie van de *Mona Lisa*, zoals nog duidelijk wordt.

Datzelfde portret is de tweede nog onbesproken kwestie. Laten we daarom de briljante en terecht geroemde monografie van Walter Pater uit 1869 ter hand nemen. Kenneth Clark noemde haar zeventig jaar later 'monumentaal' en zei dat alles wat een Engels kunstcriticus – inclusief hijzelf – in de toekomst nog zou schrijven 'in vergelijking hiermee armzalig en oppervlakkig zal zijn'.

Wie de lofzang van Walter Pater op Leonardo leest, belandt in een sfeer van een bijna onnatuurlijke gevoeligheid. Pater beschreef een emotionele staat die we eerst moeten begrijpen voordat we contact kunnen krijgen met de sfeer waarin Leonardo's creativiteit bloeide. De lezer bemerkt in de kunstenaar haast intuïtief een voortdurende staat van innerlijke concentratie die niet op de zorgen van alledag was gericht. Deze toestand was zeker herkenbaar voor iedereen die deze wilde zien. 'Voor de mensen om hem heen leek het alsof hij luisterde naar een stem die onhoorbaar was voor anderen', schreef Pater over Leonardo, en: 'Zijn tijdgenoten hadden het idee dat hij een authentieke en geheime wijsheid bezat.' In die twee korte zinsneden gaf de vermaarde kunstcriticus een kernachtige omschrijving van een bedachtzame alertheid die verder ging dan intellectuele brille en zelfs verder dan de brandende nieuwsgierigheid waar Freud later over zou schrijven. Die innerlijke stem sprak in ritmen waarvan de *Mona Lisa* de meest verfijnde uitdrukking is. Pater zei over haar gezicht: 'Het is een schoonheid die van binnenuit op het vlees inwerkt; het is de neerslag, cel na cel, van vreemde gedachten en verfijnde hartstochten... Alle gedachten en alle ervaring van de wereld hebben hier hun uitdrukking gevonden.'

Als 'de glimlach van de *Mona Lisa*', zoals Kenneth Clark schreef, 'de ultieme uiting is van dat complexe innerlijke leven dat in duurzaam materiaal is vastgelegd, volgens Leonardo een van de hoofddoelen van kunst', dan dringt de logische vraag zich op: Aan wie behoort dit complexe, innerlijke leven toe dat gefascineerde toeschouwers al eeuwen lang hebben geprobeerd te verklaren? Naar wie kijken we wanneer we dat schijnbaar ondoorgrondelijke gelaat aanschouwen dat ons zo rechtstreeks vanaf het canvas aankijkt alsof het communiceert met iets in ons wat we zelf niet eens begrijpen?

Misschien kwam Pater nog het dichtst bij een antwoord. Hij schreef over de jonge Leonardo in zijn eerste Florentijnse periode: 'Hier leerde hij... dat er een innerlijke, hoogstpersoonlijke kracht aanwezig was in de dingen die hij ondernam.' Naar de aard van deze innerlijke kracht kan Pater alleen maar gissen, maar hij doet dit met een air alsof hijzelf geen twijfel heeft over zijn conclusies. In dit verband is het noodzakelijk zijn commentaar over het samensmelten van 'voorbeelden van uiterste schoonheid en uiterste gruwel' nog eens in herinnering te brengen. De wijze waarop Leonardo het leven ervaart, is belichaamd in zijn vroege avontuur in de heuvels bij Florence: het leven is als de 'ingang van een enorme grot' waarin angst en verlangen samenkomen en evenzeer verleiden als afstoten. In zijn analyse van de *Mona Lisa* gaat Kenneth Clark nog een paar stappen verder. 'Het schilderij is zo vol van Leonardo's geest, dat we vergeten het als een portret te zien... Hij beschouwt haar lichamelijke schoonheid als mysterieus, zelfs een beetje afstotend, zoals een kind de lichamelijke aantrekkingskracht van zijn moeder ervaart.' Hier voert hij ons terug naar Freud, hoewel deze opmerkingen ook een echo zijn van Pater, die zijn tekst schreef 55 jaar voordat de grondlegger van de psychoanalyse zijn interpretatie van de *Mona Lisa* gaf.

Hier is het misschien zinvol nog verder terug te gaan in de tijd, nog voor Pater en zelfs voor Vasari, die ons bijna alle informatie heeft gegeven over de ontstaansgeschiedenis van het schilderij. We moeten terugkeren naar de werkelijke vrouw op het portret. Op zestienjarige leeftijd werd Mona Lisa di Anton Maria Gherardini de derde vrouw van de 35-jarige Francesco del Giocondo. In 1503, vermoedelijk halverwege de vier jaar waarin Leonardo met tussenpozen aan het portret zou hebben gewerkt, was zij 24 jaar oud. Vasari vertelt ons: 'Terwijl hij haar schilderde, had Leonardo altijd iemand bij zich om haar te amuseren met zang, spel of grappen omdat hij die zwaarmoedige blik wilde vermijden die zo vaak in portretten aanwezig is.' Men kan zich afvragen waarom de hooggeachte kunstenaar juist deze vrouw wilde schilderen, terwijl er toch, volgens Keele, 'veel rijkere en beroemdere vrouwen waren die stervensgraag voor hem wilden poseren', onder wie leden van de hoogste adel. Men kan zich eveneens afvragen waarom Leonardo het schilderij uiteindelijk nooit heeft afgeleverd bij Giocondo, maar het tot aan zijn dood bij zich hield. Hij beweerde zelf dat het schilderij niet af was, en gezien Vasari's beschrijving van zijn opvattingen over het voltooien van schilderijen moeten we hem misschien geloven.

Misschien dacht de perfectionist Leonardo werkelijk dat het portret niet af was. Toch is het moeilijk te geloven dat hij het schilderij kon behouden zonder te hoeven opboksen tegen de ongetwijfeld grote weerstand van La Gioconda en haar echtgenoot. Voor hen moet het schilderij een in alle opzichten geslaagd en voltooid portret zijn geweest. Hij moet het wel heel erg graag zelf hebben willen houden. En uiteraard *moet* hij wel gedacht hebben dat het schilderij niet af was, aangezien het onderwerp zelf van een perfectie was die zelfs hij niet op gewoon canvas kon afbeelden.

Er zijn oneindig veel interpretaties gegeven van het portret van Mona Lisa, en de mijne zal beslist niet de laatste zijn. Freud meende uiteraard dat 'dit portret de synthese bevat van de geschiedenis van Leonardo's kindertijd'. De glimlach die Leonardo op Mona Lisa's gezicht zag wanneer zij geamuseerd werd door de muziek en de grappen, riep in hem de herinnering wakker aan de glimlach van zijn moeder. Keele, een klinisch arts, borduurde voort op dit beeld. Op grond van bepaalde lichamelijke kenmerken concludeerde hij dat La Gioconda zwanger was. Haar glimlach verraadde de innerlijke voldoening over het wonder van het leven dat in haar lichaam ontstond. De argumenten voor zijn stelling zijn indrukwekkend. Zo wees Keele onder meer op de positie van de handen en hun ogenschijnlijk lichte gezwollenheid, wat ook een verklaring zou kunnen zijn voor het feit dat deze rijk gehuwde vrouw geen ringen aan haar vingers droeg. De plaatsing van de handen en de snit van de kleren suggereren dat zowel de kunstenaar als de vrouw een vergrote onderbuik subtiel probeerden te verbergen.

Keele ondersteunde zijn bewering door te wijzen op de talrijke anatomische schetsen waarin Leonardo de processen van voortplanting en zwangerschap afbeeldt: van de welbekende tekening van de voortplantingsdaad tot de afbeelding van de foetus in de baarmoeder, misschien wel zijn beroemdste anatomische tekening. Zijn argumentatie is goed doortimmerd, vooral wanneer hij de beschrijving van de achtergrond van bergen en meren waarvoor de La Gioconda is geplaatst, eraan toevoegt. Deze setting 'komt voor in twee andere schilderijen [van Leonardo] waarin het moederschap het centrale thema is: in de *Madonna in de grot* en in de *Heilige Anna te drieën*'.

Net als veel anderen voel ik me sterk aangetrokken tot de stelling dat de *Mona Lisa* Leonardo's huldeblijk aan het geïdealiseerde moederschap is. Het is een eerbetoon aan zijn vermoedelijk onbewuste verlangen om terug te keren naar de vroege jaren van zijn jeugd waarin hij de enige ster aan zijn moeders firmament was, of zij nu Caterina of de vriendelijke, liefdevolle Albiera was, of misschien wel beiden. De ambivalentie van aantrekkingskracht en weerzin, die door Pater, Clark en zeker door Freud is gepostuleerd, is onmiskenbaar aanwezig, evenals het raadsel. Maar ik kreeg een andere ingeving toen ik nadacht over Freuds redenering over het ontstaan van homoseksualiteit in sommige mannen, een argument dat tot voor kort door grote delen van de psychiatrische gemeenschap nog werd geaccepteerd. Tegenwoordig ligt de nadruk op de biologische – en met name genetische – oorzaak van homoseksualiteit, maar Freuds hypothese heeft nog niet geheel en al het veld geruimd. Net als veel van zijn andere hypothesen die tegenwoordig door zo velen worden verworpen, waart ze nog rond en verschijnt in ons gezichtsveld zodra we op zoek gaan naar de verborgen betekenis van menselijk gedrag.

Freud beweert, het zij hier nog even herhaald, dat een jonge jongen die zich bedreigd voelt door de overweldigende kracht van de liefde van zijn moeder, zichzelf kan beschermen door zijn eigen liefde te onderdrukken en zichzelf in haar plaats te zetten. Door zich met zijn moeder te identificeren wordt hij in zekere zin haar. Hij wordt zijn eigen object van liefde. Hij is Narcissus.

Laten we een aantal gedachten op een rij zetten. Ten eerste lijkt de *Mona Lisa* een weergave te zijn van een geïdealiseerd moederschap. Ten tweede is het portret 'vol van Leonardo's geest', zoals Clark zegt. Ten derde merkte Pater –

ver voor Freud – over het schilderij op: 'We zien dat dit beeld zich vanaf Leonardo's kinderjaren een plek heeft verworven in zijn dromen... Wat was de relatie tussen een levende Florentijnse vrouw en dit hersenspinsel? Door welke vreemde oorzaken waren droom en persoon zo gescheiden van elkaar opgegroeid en toch zo nauw verbonden?' Al deze argumenten bij elkaar dwingen ons wel tot de conclusie dat *La Gioconda* de ultieme uitdrukking is van het innerlijk leven van een man die leefde volgens het principe dat het kunstwerk 'dat in zijn handelingen het best de hartstochten van de ziel uitdrukt', het grootste kunstwerk is. Hiermee wordt niet alleen de ziel van het onderwerp bedoeld, maar vooral de ziel van de kunstenaar; en niet alleen de ziel van de moeder (die immers, net als Caterina, geen ringen draagt en zwaarder is dan de chique slanke jonge vrouwen uit die tijd), maar ook van de zoon. De *Mona Lisa*, Leonardo's geïdealiseerde moeder, is volgens mij ook Leonardo zelf, die 'een authentieke en geheime wijsheid bezat' en daarom die raadselachtige glimlach lacht. De kunstenaar is zelf onderwerp van zijn kunst.

In zekere zin is het schilderen van een portret als het schrijven van een biografie. Zelfs het metaforische taalgebruik bevestigt deze overeenkomsten. Zo maken biografen een 'portret' van hun onderwerp en 'schilderen' ze zijn leven. Hoewel Samuel Taylor Coleridge alleen de biograaf op het oog had, sprak hij ook over de portretschilder toen hij schreef: 'Wanneer iemand het karakter van een ander probeert te beschrijven, kan hij het goed of verkeerd zien, maar in één ding zal hij altijd slagen: een beschrijving geven van zichzelf.' In mijn ogen kan hetzelfde worden gezegd van Leonardo en zijn *La Gioconda*. Hij beschreef zijn moeder en hij beschreef zichzelf. Hoezeer hij zich van beide beschrijvingen bewust was, weten we niet. De auteur maakte tegelijkertijd een biografie en een autobiografie.

# HOOFDSTUK 5

# Milaan, 1506–1513
# Rome, 1513–1515
# Amboise, 1516–1519

Het verzoek van Charles d'Amboise aan Leonardo om voor drie maanden naar Milaan terug te keren kwam hem waarschijnlijk erg goed uit. Zo kon hij even zijn problemen achter zich laten. Het fiasco van *De slag van Anghiari* heeft waarschijnlijk aanleiding gegeven tot behoorlijk wat publiek ongenoegen. Het was immers alom bekend dat de kunstenaar zich niet volledig op zijn opdracht had kunnen concentreren doordat hij steeds meer tijd besteedde aan zijn wiskundige en wetenschappelijke studie. Bovendien was Milaan in die tijd politiek gezien een stuk stabieler dan Florence, zeker sinds het vertrek van Ludovico Sforza. Het was ongeveer in deze tijd dat de Habsburgse keizer Maximiliaan I de Franse koning Lodewijk XII erkende als hertog van Milaan. De aanwezigheid van de Franse troepen vrijwaarde de stad van een dreigende buitenlandse invasie.

Al spoedig werd bekend dat Leonardo zijn verblijf in Milaan voor onbepaalde tijd zou verlengen, maar of dit op initiatief van Leonardo zelf gebeurde of op aandrang van D'Amboise is niet geheel duidelijk. Toen Lodewijk in mei 1507 formeel in de stad arriveerde, woonde Leonardo daar in ieder geval al minstens zes maanden. Hij had inmiddels de titel 'Schilder en Ingenieur in dienst van de Franse regering' gekregen. Vrijwel zeker verwijst Vasari naar de aankomst van Lodewijk wanneer hij vertelt dat 'de koning van Frankrijk naar Milaan kwam en Leonardo gevraagd werd iets bijzonders voor te bereiden voor zijn ontvangst. Hij constrnu- eerde een leeuw die een paar passen naar voren liep en ver- volgens zijn borst opende die helemaal met lelies was ge- vuld.' Opnieuw droeg hij zijn steentje bij aan festiviteiten, ook al was hij niet meer de organisator van alle pronkverto- ningen.

De zes jaar die Leonardo doorbracht in dienst van de Franse koning waren de rustigste sinds hij in 1482 voor het eerst naar Milaan was gegaan. Niet alleen stond hij bij D'Amboise in de gunst, maar hij kreeg ook een regelmatig inkomen, wat misschien de reden is geweest dat hij zich ge- durende deze periode onverdroten kon wijden aan zijn we- tenschappelijke interessen. Nu hij een gegarandeerd inko- men had, hoefde hij geen opdrachten meer te aanvaarden die hij te vaak onvoltooid liet. Behalve zijn beroemde sepia- kleurige zelfportret is er zelfs geen enkel belangrijk kunst- werk bekend uit zijn tweede periode in Milaan. Hoewel die tekening een man laat zien die ouder lijkt dan de ongeveer zestig jaar die Leonardo dan in werkelijkheid is, zijn de op- merkelijk knappe trekken uit zijn jongere jaren nog steeds aanwezig. Hij oogt als een wijze man, sereen als altijd maar nu zelfs met een majesteitelijk voorkomen.

In Milaan kon Leonardo ook ruim baan geven aan zijn als- maar groeiende fascinatie voor de anatomie. Zijn onderzoek kreeg een flinke stimulans door een nieuwe, hechte vriend- schap met een opmerkelijke jonge geleerde, Marcantonio della Torre. Della Torre was al op 25-jarige leeftijd tot hoogleraar in de theorie der geneeskunde aan de universiteit van Padua benoemd. Onlangs was hij echter uitgenodigd om in Pavia een school voor anatomie te komen stichten. Volgens sommige biografen ontmoetten de twee elkaar voor het eerst in 1506, toen Leonardo in Florence was; an- deren dateren deze gebeurtenis pas in 1510, tijdens Leonar- do's tweede verblijf in Milaan. Hun relatie heeft hoe dan ook niet lang geduurd, omdat Della Torre in 1511 of 1512 aan de pest is gestorven toen hij in Riva de slachtoffers van een epidemie verzorgde.

Della Torre was dertig jonger dan Leonardo, maar dat vormde geen belemmering voor de geestdriftige autodidact, aangezien deze erop gebrand was zijn kennis te vergroten. Omdat geen enkel werk van de jongeman bewaard is gebleven, is er ook geen bewijs voor de bewering van Vasari dat Leonardo's rol beperkt bleef tot het illustreren van Della Torres werken op basis van zijn eigen ontledingen. Waarschijnlijk was de verhouding echter veel gelijkwaardiger. We kunnen niet meer bepalen in hoeverre beide mannen elkaar hebben beïnvloed. Tegenwoordig wordt het overwicht van Della Torre echter vaak betwijfeld. Leonardo was inmiddels immers een zeer ervaren anatoom geworden. Waarschijnlijk probeerde de hoogleraar zijn vriend in diens werk te stimuleren en spoorde hij hem – meestal zonder succes – aan een bepaalde planning of ten minste een beetje discipline in zijn werk aan te brengen. Naar alle waarschijnlijkheid heeft de relatie in zoverre een goede invloed op Leonardo uitgeoefend dat zijn ontledingen en hun interpretatie een raffinement verkregen dat voorheen had ontbroken.

Leonardo was een onafhankelijk denker en vertrouwde te zeer op zijn eigen waarnemingen om zijn richting te laten bepalen door Della Torre. Deze stond nog erg onder de invloed van de anatomie in het werk van Galenus, dat in feite geheel op ontledingen van dieren was gebaseerd en daardoor fouten bevatte in bepaalde fundamentele details en uitgangspunten. Leonardo gebruikte bovendien voor de naamgeving van de lichaamsdelen voornamelijk namen van Arabische oorsprong terwijl Della Torre zich, volgens tijdgenoten, van de Griekse terminologie bediende. Dit wijst erop dat Leonardo zijn kennis vooral opdeed via zijn studie van contemporaine, Arabisch georiënteerde teksten, en niet zozeer via zijn vriend. Zoals gebruikelijk nam Leonardo wat hij nodig had om zijn kennis te verdiepen, en vervolgde verder zijn eigen weg.

In de geschriften die onder de naam *Traktaat over schilderkunst* zijn uitgegeven, heeft Leonardo vermeld dat hij van plan was in het voorjaar van 1510 een formeel traktaat over anatomie te publiceren, maar uiteraard heeft hij het nooit voltooid. Het grootste deel van de overgebleven anatomische studies zou pas door geleerden gebruikt kunnen worden nadat ze in de achttiende eeuw in Windsor Castle waren herontdekt.

In een manuscript dat zich momenteel in het British Museum bevindt, staat nog een andere aantekening waaruit blijkt dat Leonardo het plan had zijn losse onderzoeksresultaten een keer te ordenen. Hij was toen tijdelijk in Florence vanwege een proces over de nalatenschap van zijn vader. Ser Piero was gestorven zonder een testament na te laten, en zeven van Leonardo's wettige broers probeerden hem buiten te sluiten van de erfenis. Ze hadden zoiets al een keer eerder geprobeerd toen in 1507 een oom was overleden. De oom had iedereen een deel nagelaten, maar de broers probeerden het testament te laten herroepen ten nadele van hun onwettige familielid.

Het proces duurde vele maanden, en die hele periode moest Leonardo in Florence blijven, zodat hij tijd te over had om aan zijn werk te denken. Hij noteert:

Begonnen in Florence in het huis van Piero di Braccio Martelli, op 22 maart 1508. Dit is een ongeordende verzameling van vele aantekeningen die ik hier heb overgeschreven. Ik hoop dat ik ze later een keer kan ordenen naar onderwerp. Voordat ik deze taak ten einde heb gebracht, zal ik geregeld in herhaling moeten vallen. Ik vraag de lezer om vergiffenis hiervoor: de onderwerpen zijn talrijk en mijn geheugen kan ze onmogelijk allemaal onthouden en zeggen: 'Ik zal dit niet vermelden, want ik heb dit al eens verteld.' Als ik deze fout zou willen vermijden, zou ik iedere keer wanneer ik een passage in deze verzameling zou willen opnemen, alles moeten doornemen wat ik al opgeschreven had, om doublures te voorkomen. Dit probleem doet zich vooral voor doordat er zoveel tijd ligt tussen de twee momenten van schrijven.

Leonardo liet met andere woorden een potentiële lezer bij voorbaat weten dat hij de tekst niet zou redigeren wanneer hij zich er ooit toe zou kunnen zetten zijn werk in een publicabele vorm te gieten. Ondanks deze dappere verklaring is er geen enkel bewijs dat hij ooit in zijn lange leven voldoende tijd heeft vrijgemaakt om de bevindingen van zijn eeuwigdurende onderzoek te ordenen. Er was altijd zo veel te doen, zo veel te leren dat hij het verspilling van tijd en moeite vond om zijn kennis keurig te ordenen. Bovendien heeft Leonardo altijd alleen maar voor zichzelf gestudeerd; hij heeft nooit de behoefte gehad zijn kennis aan anderen over te dragen. Zijn geschriften vormden een innerlijke dialoog. Waarschijnlijk heeft hij nooit een formele bijdrage willen leveren aan het wetenschappelijke debat, behalve in de zin dat het nageslacht uiteindelijk zou kunnen profiteren van zijn resultaten. Hij wilde slechts zelf kunnen begrijpen hoe en waarom de dingen werkten zoals ze deden. Hij was geïnteresseerd in beweging, maar het was de oorzaak van de beweging die hem het meest boeide.

En er vielen genoeg boeiende dingen te beleven tijdens zijn tweede verblijf in Milaan. Hij pleegde meer onderzoek naar de menselijke anatomie dan ooit tevoren, en de nauwkeurigheid van de tekeningen ging in deze periode met sprongen vooruit. Rond 1513 specialiseerde Leonardo zich in de structuur en de werking van het hart. Hij ontleedde weliswaar vooral ossenharten, maar hij deed toch enkele opmerkelijk observaties over de interne structuur en het functioneren van het hart, die de kennis van contemporaine anatomen lieten verbleken.

Leonardo's relatie met Della Torre was van korte duur, maar spoedig na zijn aankomst in Milaan ontmoette hij een andere jongeman, met wie hij een vriendschap ontwikkelde die verstrekkende gevolgen zou hebben voor het nageslacht. Leonardo woonde vlak buiten de stadsmuren in het landhuis van Girolamo Melzi, waar hij geïnteresseerd raakte in de artistieke talenten van de tienerzoon van zijn gastheer, Francesco. Al snel ontwikkelden de twee een relatie die vaak betiteld is als een vader-zoonrelatie. Hun band was zo sterk dat Leonardo de jongen bij al zijn toekomstige verhuizingen zou meenemen. Al zijn manuscripten en alle boeken die hij zijn leven lang had verzameld, zou hij uiteindelijk aan de jonge Melzi nalaten.

Politieke troebelen maakten een einde aan Leonardo's rustige jaren in Milaan. In die dagen werden bondgenootschappen net zo gemakkelijk gesloten als opgezegd. Het was daarom slechts een kwestie van tijd voordat de alliantie tussen Maximiliaan en de Franse koning zou worden verbroken. In 1508 hadden zij met Ferdinand II van Spanje en paus Julius II de zogenaamde Liga van Kamerijk gevormd met als doel de opstandige krachten in Genua te onderwerpen en Venetië te dwingen bepaalde pas geannexeerde gebieden terug te geven. Zodra deze doelen waren bereikt, maakte Julius tot verbijstering van de Fransen een radicale ommezwaai en sloot een verbond met Venetië, Spanje en Zwitserland om de Sforza's terug op de troon te krijgen. Ondanks enkele aanvankelijke successen werden de Fransen uiteindelijk verslagen. Op 29 december 1512 werd Ludovico's zoon Maximiliano de nieuwe hertog van Milaan.

Leonardo kwam daardoor in een netelige positie terecht.

Hoewel Maximiliano hem had gekend als een zeer gewaardeerd lid van zijn vaders artistieke entourage, beschouwde hij hem ook als een van Lodewijks favoriete vazallen. Hij bood hem daarom geen werk aan. Zonder beschermheer moesten de 61 jaar oude kunstenaar en zijn hele gevolg van leerlingen, vrienden en bedienden de stad verlaten. Opnieuw was er een belangrijke rol weggelegd voor de Medici's. Giuliano de Medici, een zoon van Lorenzo il Magnifico en een bewonderaar, zelfs een vriend van Leonardo, was in 1512 na een geweldloze staatsgreep staatshoofd van Florence geworden. In het volgende jaar, toen Leonardo op zoek was naar een nieuw thuis, stierf paus Julius II en werd Giuliano's oudere broer Giovanni gekozen tot paus Leo X. De nieuwe heerser van Florence adviseerde zijn vriend naar Rome te verhuizen, en deze greep de mogelijkheid met beide handen aan. In een aantekening zegt hij eenvoudig: 'Ik vertrok van Milaan naar Rome, op 24 september 1513, met Giovanni, Francesco Melzi, Salai, Lorenzo en il Fanfoia.'

Kort daarna verhuisde ook Giuliano naar Rome. Leo X vond zijn jongere broer te veel een dromer en intellectueel (of misschien was hij gewoon te eerlijk) om de belangen van de Medici's in Florence goed te kunnen behartigen. Giuliano was een man met verbeeldingskracht en voelde zich aangetrokken tot schilders, architecten, ingenieurs en zelfs alchemisten. Het is dan ook logisch dat híj Leonardo's beschermheer is geworden, en niet de paus. Hij regelde voor zijn vriend een onderkomen in het Belvederepaleis op de Vaticaanse heuvel en nam een architect in dienst om een aantal kamers daar te laten verbouwen tot ateliers en woonruimten.

Maar als Leonardo had gedacht dat Giuliano's inspanningen hem een rustige oude dag zouden bezorgen, kwam hij bedrogen uit. Jongere mannen deelden hoe langer hoe meer de lakens uit aan het pauselijke hof. Op artistiek gebied waren dat de 29-jarige Rafaël en de 38-jarige Michelangelo. Ze stonden beiden op het hoogtepunt van hun kunnen en geen van hen – met name Michelangelo – was erg blij met de komst van de bejaarde binnendringer. De rancuneuze Michelangelo deed er waarschijnlijk zelfs alles aan om de positie van zijn oude tegenstander te ondermijnen. Omdat Latijn de omgangstaal aan het pauselijk hof was en Leonardo die taal onvoldoende beheerste, verkeerde Leonardo ook in dit opzicht in het nadeel. Maar het feit dat hij slechts weinig werk kreeg, had ook een positieve kant: hij had genoeg vrije tijd over om zich te wijden aan anatomie, wiskunde en optica.

Het algemene beeld van Leonardo werd hierdoor echter alleen maar bevestigd. Hij was een man die de paar opdrachten die hij toegewezen kreeg, nooit kon voltooien omdat hij zich te gemakkelijk liet afleiden door andere zaken. Leo moet hem hebben beschouwd als een zielsverwant van zijn onpraktische broertje Giuliano. Vasari vertelt dat hij eens een opdracht had gekregen om een schilderij te maken. Hij probeerde eerst een mengsel te maken van bepaalde kruiden en oliën, dat als vernis moest dienen wanneer het werk was voltooid. Voor Leonardo was dit gewoon een deel van een altijd voortschrijdend experiment om nieuwe methoden voor conservering te vinden, maar voor de paus was het slechts een vertragingstactiek om maar niet aan het feitelijke werk te hoeven beginnen. Misschien had hij daar deels ook wel gelijk in. Volgens Vasari riep de paus uit: 'Ach, die man komt nooit ergens toe omdat hij al met het einde bezig is voordat hij een begin heeft gemaakt.' Of dit verhaal apocrief is of niet, het illustreert uitstekend hoe Leonardo tegen zijn verantwoordelijkheden ten opzichte van anderen en tegen zijn eigen prioriteiten aankeek. Vrijwel van begin af aan liet Leonardo zich veel meer leiden door zijn nieuwsgierigheid en creativiteit dan door een praktische noodzaak om verplichtingen aan anderen na te komen.

Naast de moeilijkheden die Leonardo ondervond door zijn vervreemding van het hof, kreeg hij ook nog eens te maken met de intriges van twee van zijn werknemers. Naar het schijnt hebben twee Duitse ambachtslieden zijn ontwerpen voor enkele spiegels gestolen en in pauselijke kringen kwaadaardige geruchten verspreid over ongeoorloofde praktijken bij het anatomisch onderzoek dat hij in het Ospedale di Santo Spirito uitvoerde. 'De paus is erachter gekomen dat ik drie lijken heb gevild', schreef Leonardo, zich ongetwijfeld bewust van de gevolgen. Hij vroeg Giuliano om hulp, maar zijn mecenas was niet in staat hem die te geven omdat hij in bed lag met tuberculose, waaraan hij een paar jaar later zou overlijden. Toen Leo x Leonardo strafte door hem een verbod tot verdere ontledingen op te leggen, kon Giuliano niets voor hem doen. Dit betekende het einde van zijn grote studie van het menselijk lichaam, en hij zou haar nooit meer met een dergelijke intensiteit oppakken. 'De Medici's hebben mij gemaakt en gebroken.'

Leonardo's eigen gezondheid liet inmiddels ook te wensen over. De jaren eisten langzaam hun tol, en Leonardo's krachten begonnen na te laten. Ook anderen ontging het niet dat hij zwakker werd en dat zijn rechterhand trillingen begon te vertonen. Maar hij ging door met het werk dat hem werkelijk interesseerde. In zijn aantekeningen maakte hij melding van het ontwerp van een stal voor Giuliano en van plannen om een muntpers te maken voor de Romeinse munters. Ook berekeningen voor kanononderdelen bevinden zich op deze pagina's. Hoewel daar geen bewijzen voor te vinden zijn, heeft Leonardo zich waarschijnlijk ook beziggehouden met zijn oude plannen om de Romeinse moerassen droog te leggen, een soort project dat al tijdens zijn Milanese periode zijn aandacht had opgeëist.

In 1515 beslisten politieke gebeurtenissen opnieuw over Leonardo's leven. Lodewijk xii stierf op nieuwjaarsdag van

1515 en werd opgevolgd door zijn neef Frans I, die meteen het plan opvatte Maximiliano uit Milaan te verdrijven en de stad weer onder Franse controle te brengen. In juli van dat jaar kreeg Giuliano, ondanks zijn slechte gezondheid, het bevel over de pauselijke troepen. De Fransen hadden inmiddels Florence al bereikt, en Giuliano moest hun een halt toeroepen. Al snel zag hij zich echter genoodzaakt het bevel over te dragen aan zijn neef en trok zich terug in Fiesole, waar hij stierf. Opnieuw zat Leonardo zonder beschermheer.

Het is niet duidelijk wanneer Leonardo de Franse koning precies heeft ontmoet. Toen Frans het pauselijke leger in Marignano (tegenwoordig Melegnano) bij Milaan beslissend had verslagen en optrok tegen Rome, besloot Leo geheime onderhandelingen met hem aan te knopen om een verdere invasie te voorkomen. Misschien kwam Leonardo rond deze tijd in contact met de man die zijn nieuwe mecenas zou worden. Frans herinnerde zich het grote respect dat Lodewijk XII voor de schilder had gehad en nodigde hem uit in december 1516, na afloop van de succesvolle onderhandelingen, mee naar Frankrijk te gaan.

In de nadagen van zijn leven had Leonardo eindelijk een beschermheer gevonden die zijn genie waardig was. Het was te laat voor grote prestaties, maar niet te laat voor erkenning. In de laatste tweeënhalf jaar van zijn leven werd hij behandeld als de gerespecteerde emeritus hoogleraar die hij in feite was geworden. Frans gaf hem een comfortabel inkomen en liet hem zijn intrek nemen in het landhuis van Cloux – in feite een klein kasteel – vlak bij zijn eigen koninklijke residentie in Amboise. De regelmatige bezoeken die de koning met zijn hofhouding aan Amboise bracht, hadden bijna het karakter van een pelgrimage. Hoewel de monarch zelf meer een veldheer dan een man van cultuur was, zat hij bij wijze van spreken aan de voeten van de man die hij beschouwde als de grootste kunstenaar en filosoof van zijn tijd.

We krijgen een indruk van Frans' houding ten opzichte van Leonardo door een latere opmerking van Benvenuto Cellini. Cellini kwam in 1540 naar het Franse hof, waar hij van Frans persoonlijk hoorde hoezeer deze zijn voorganger had vereerd.

Koning Frans was hevig onder de indruk van zijn grote talenten en hij luisterde met zeer veel genoegen naar hem. Er waren maar een paar dagen in het jaar waarop ze van elkaar gescheiden waren. Dat was de reden dat hij niet in de gelegenheid was de resultaten van het voortreffelijke onderzoek waaraan hij zo toegewijd had gewerkt, in de praktijk te brengen. Ik mag niet de woorden verzwijgen die ik zelf uit de mond van de koning, in het bijzijn van de kardinaal van Ferrara, de kardinaal van Lorraine en de koning van Navarra, heb vernomen. Hij zei dat hij niet geloofde dat er ooit een man was geweest die zoveel had geweten als Leonardo, en niet alleen vanwege zijn kennis van beeldhouwkunst, schilderkunst en architectuur, maar omdat hij een groot filosoof was.

We hebben het verslag van een man die in 1517 speciaal naar Cloux was gereisd om Leonardo te ontmoeten. Zijn getuigenis biedt ons een mooie kijk op de omstandigheden waarin Leonardo zijn laatste jaren doorbracht. Kardinaal Luis van Aragon, een halfbroer van de koning van Napels, deed het landhuis aan tijdens een lange rondreis door Europa, en zijn secretaris, Antonio de Beatis maakte het volgende verslag van dat bezoek:

Op 10 oktober 1517 hebben de monseigneur en de rest van ons in de buurt van Amboise een bezoek gebracht aan meester Lunardo Vinci de Florentijn, een oude man van meer dan zeventig jaar, de voortreffelijkste schilder uit onze tijd. Hij liet zijne Excellentie drie schilderijen zien: een van een zekere Florentijnse dame, naar het leven geschilderd op verzoek van de overleden Magnifico, Giuliano de Medici; een ander van de heilige Johannes de Doper als jongeman; en ten slotte een van de Maagd en haar Kind in de schoot van de heilige Anna. Ze waren allemaal volmaakt. Van de schilder mogen we niet verwachten dat hij nog meer goed werk zal produceren, vanwege een zekere verlamming van zijn rechterhand. Hij heeft goede instructies gegeven aan een Milanese leerling, die uitstekend werk aflevert. En hoewel de voornoemde meester Lunardo niet meer kan schilderen met dezelfde finesse als vroeger, kan hij nog steeds tekeningen maken en anderen onderwijzen. Deze heer heeft zo gedetailleerd geschreven over anatomie en zo precieze tekeningen gemaakt van de ledematen, spieren, zenuwen, aderen, gewrichtsbanden, ingewanden en wat er verder nog te zien valt aan de lichamen van mannen en vrouwen, als niemand anders ooit heeft gedaan. We hebben dit allemaal met eigen ogen gezien. Hij vertelde dat hij meer dan dertig lichamen had ontleed, van zowel mannen als vrouwen en van alle leeftijden. Hij heeft ook ontelbare boeken vol geschreven over de natuur van het water, over diverse machines en over andere zaken, en dat alles in de volkstaal. Mochten deze werken ooit uitgegeven worden, zullen veel mensen er nut en plezier van hebben.

Met de volkstaal bedoelde De Beatis het Italiaans, dat sinds Dante Alighieri, tweehonderd jaar eerder, erkenning had gekregen als een welsprekend alternatief voor het Latijn. Leonardo bereikte in deze taal soms hoogten die met gemak voldeden aan de hoge literaire standaarden die de andere

94

grote Florentijn in 1307 in *De vulgari eloquentia* had beschreven.

De Beatis maakt enkele duidelijke vergissingen in zijn verslag, maar verder biedt hij een beeld van de bejaarde Leonardo dat algemeen als accuraat wordt beschouwd. Het schilderij 'van een zekere Florentijnse dame, naar het leven geschilderd' was natuurlijk niet op verzoek van Giuliano gemaakt. Het betreft hier de *Mona Lisa*, die Leonardo altijd in eigen bezit heeft gehouden.[1] De vergissing over Leonardo's leeftijd is te wijten aan het feit dat Leonardo ouder oogde dan hij in werkelijkheid was. Ten tijde van het bezoek van de kardinaal was hij 65.

De verwijzing naar 'de natuur van het water' kan betrekking hebben op een van de talrijke filosofische bespiegelingen in Leonardo's manuscripten, maar ook op een van zijn waterbouwkundige projecten, zoals de aanleg van kanaalsystemen, de drooglegging van moerassen of de omleiding van rivierlopen. Wat echter opvalt, is de nadruk die De Beatis legt op het anatomische werk, waarschijnlijk omdat Leonardo het zelf met veel nadruk heeft gepresenteerd. Een man met zulke brede interesses kon uit veel onderwerpen kiezen toen hij zijn geëerde gast iets wilde laten zien. Het is dus opmerkelijk dat hij juist gekozen heeft voor zijn studies over het menselijk lichaam.

Het is ironisch dat Leonardo's laatste toevluchtsoord een lieflijk landhuis huis was op slechts dertig kilometer afstand van de donkere kerker waarin zijn eerste beschermheer, Ludovico Sforza, bijna tien jaar eerder na een onvervuld leven was gestorven. We kunnen ons afvragen of de grote Leonardo er in zijn laatste jaren ooit spijt van heeft gehad dat zoveel

---

1 Kenneth Clark is de enige wetenschapper van naam die dit betwijfelt; hij gelooft dat het hier om een later schilderij gaat.

van zijn projecten onvoltooid zijn gebleven, dat hij zijn grote hoeveelheid talenten over zoveel verschillende terreinen heeft verdeeld en dat hij nooit het vermogen heeft kunnen opbrengen zich op een, of ten minste slechts een paar activiteiten te concentreren. Geloofde hij dat zijn leven, net als dat van Ludovico, in feite onvervuld was gebleven? Als dat zo is, vinden we daar in zijn geschriften in ieder geval geen aanwijzingen voor.

Vermoedelijk in 1566 heeft Vasari een bezoek gebracht aan Melzi. Van hem heeft hij ongetwijfeld de details vernomen aan de hand waarvan hij Leonardo's laatste maanden heeft beschreven: 'De laatste maanden van zijn leven was hij ernstig ziek. Toen hij zijn levenseinde voelde naderen, deed hij zijn uiterste best vertrouwd te raken met de leer van de katholieke ritus.' Ondanks zijn geloof in God en in het bestaan van de ziel, had hij zich altijd verre gehouden van de ritus – en in feite van de geformaliseerde religie – 'omdat hij niet erg geïnteresseerd was in het geloof van anderen en hij filosofie boven het christendom plaatste', zoals Pater zei. Het is daarom geen wonder dat hij 'vertrouwd [moest] raken met de leer', toen zijn levenseinde naderde.

Op de avond voor Pasen in 1519 stelde Leonardo zijn testament op. Hij liet al zijn aantekenboeken aan Melzi na en liet in drie verschillende kerken missen opdragen, alsof hij in zijn laatste wens de verscheidenheid van zijn talenten nog eens symbolisch tot uitdrukking wilde brengen. Hij stierf op 2 mei, nadat hij de laatste sacramenten had ontvangen van een kerk waarmee hij het op zoveel punten oneens was geweest.

Naar de bestemming van zijn ziel kunnen we alleen maar gissen. Leonardo zelf geloofde dat de ziel voor zijn activiteiten afhankelijk was van het lichaam. In zijn embryonale ontwikkeling, zo schreef hij, laat het lichaam 'de ziel die het lichaam zal bewonen, op het juiste moment ontstaan'. Elders schreef hij: 'Ieder deel is ontworpen om één te worden met het geheel, zodat het aan zijn eigen onvolmaaktheden kan ontkomen. De ziel wil in het lichaam blijven omdat hij zonder lichaam niet kan handelen of voelen.' In dit mechanische model functioneert de ziel niet meer wanneer het lichaam sterft. Misschien sterft de ziel dan ook. Of dit waar is, zullen we pas te weten komen wanneer we zelf onze laatste adem uitblazen.

# HOOFDSTUK 6

# De manuscripten

Net als veel andere mensen heb ik mijn hele leven lang ontelbare notities voor mezelf gemaakt, die allemaal van het
grootste belang leken toen ik ze opschreef. Het was altijd
mijn bedoeling ze later definitief in een grotere verzameling
onder te brengen of iets te doen met wat ik had genoteerd.
Vrijwel iedereen die dit boek leest, zal dit bekend voorkomen.

Waarschijnlijk is een deel van deze notities gesteld in een
soort persoonlijk kortschrift, dat alleen door de schrijver en
door niemand anders kan worden begrepen. Deze ogen-
schijnlijke geheimzinnigheid is niet bedoeld om eventuele
lezers te misleiden, maar om de informatie zo beknopt mogelijk op te schrijven. Zolang ik mijn briefjes maar niet
kwijtraak, kan ik de boodschap, hoe lang of cryptisch ze ook
is, altijd weer achterhalen, ook al moet ik soms mijn ogen en
hersenen behoorlijk pijnigen.

Zo kijk ik ook naar meer dan vijfduizend bewaard gebleven pagina's die Leonardo da Vinci in 35 jaar tijd heeft vol-
geschreven, en naar de vele die ongetwijfeld zijn kwijtge-
raakt. Na zijn dertigste jaar is hij in Milaan begonnen met
het maken van aantekeningen voor persoonlijk gebruik.
Soms waren het korte, willekeurige notities, soms waren het
goed opgebouwde studies over een of ander kunstzinnig,
wetenschappelijk of filosofisch onderwerp, vaak voorzien
van gedetailleerde of eenvoudige tekeningen. Eigenlijk is

het beter om te spreken van tekeningen – in verschillende stadia van voltooiing – met begeleidende aantekeningen, omdat de tekeningen veel belangrijker zijn. De grootte van de manuscriptpagina's varieert aanzienlijk; de meeste pagina's zijn behoorlijk groot, maar er zijn er ook van negen bij zeven centimeter. Meer dan de helft van het materiaal bestaat uit losse bladen en de rest bevindt zich in allerlei soorten aantekenboeken. Bovendien vouwde Leonardo soms vellen papier die hij later langs de vouwen doorsneed en als aparte pagina's ordende, zodat de oorspronkelijke positie van de pagina's ten opzichte van elkaar verloren ging.

Vrijwel altijd wordt een aantekening afgerond op een en dezelfde pagina, hoewel er soms, in gebonden boekdelen met genummerde pagina's, opmerkingen staan als 'omslaan' of 'dit is het vervolg van de vorige pagina'. In de manuscripten zijn geen leestekens en accenten gebruikt, en er is een neiging om korte woorden samen te voegen tot een lang woord. Maar ook het omgekeerde komt voor, waarbij lange woorden in korte woorden worden opgedeeld. Af en toe komen er woorden of eigennamen voor waarvan de letters in een verkeerde volgorde staan, alsof ze in grote haast zijn opgeschreven. Enkele letters en cijfers zijn geschreven volgens Leonardo's eigen, soms inconsistente spelling; aanvankelijk zijn ze soms moeilijk te ontcijferen totdat men ze gaat herkennen. Hetzelfde geldt voor bepaalde vormen van kortschrift. Overigens is hier niets merkwaardigs aan: deze kenmerken zijn typerend voor iemand die vaak persoonlijke aantekeningen maakt.

Dan is er nog het probleem van het zogenoemde spiegelschrift. Leonardo schreef van rechts naar links, waardoor de transcriptie van zijn manuscripten ernstig bemoeilijkt wordt. Waarschijnlijk komt het door zijn gebruik van spiegelschrift dat hij soms de pagina's van zijn aantekenboeken in de verkeerde volgorde omsloeg, zodat hele delen van achteren naar voren gelezen moeten worden. Een typische pagina met gekrabbel bevat bijvoorbeeld een wetenschappelijke discussie, een persoonlijke notitie over huishoudelijke aangelegenheden en misschien een tekening zonder tekst, of een tekst zonder tekening, of tekst en tekening samen in een volkomen heldere schikking. Wanneer schijnbaar irrelevante notities samen met tekeningen op één pagina staan, blijken de notities na grondig onderzoek vaak helemaal niet zo irrelevant te zijn, maar direct of indirect van toepassing op het materiaal dat eromheen staat.

Leonardo heeft zijn verspreide notities nooit tot publicaties verwerkt. Hoewel vlak na Leonardo's dood een boek is uitgegeven onder de titel *Traktaat over schilderkunst*, is dit werk het product van een onbekende redacteur die geschikte stukken tekst in onderling verband heeft geplaatst. Het handschrift *Over het vlieggedrag van vogels* lijkt een enigszins afgerond geheel te vormen, maar andere aantekeningen over dit onderwerp bevinden zich overal op Leonardo's pagina's. In alle manuscripten is er geen enkel voltooid werk in onze zin van het woord te vinden. Leonardo heeft ons duizenden pagina's achtergelaten met notities zoals we die ook voor onszelf schrijven. Helaas zijn er ook al vele tijdens zijn leven zoek geraakt.

Bepaalde pagina's zijn echter nooit verloren gegaan, maar zelfs keer op keer opnieuw beschreven. Soms pakte hij na enkele weken, maanden of jaren een bepaald stuk papier weer ter hand om er tekeningen of aantekeningen aan toe te voegen als hij meer kennis over dat onderwerp had verworven. Een bekend voorbeeld hiervan uit zijn anatomisch onderzoek is zijn serie tekeningen over de plexus brachialis, een ingewikkelde bundel verstrengelde en vertakkende zenuwen die vanaf het ruggenmerg in de hals naar de arm loopt. Tussen de eerste en laatste tekeningen van de gecompliceerde bundel vezels liggen zo'n twintig jaar.

Hoewel spiegelschrift lastig te lezen is, is het schrijven ervan veel minder moeilijk dan het lijkt. Linkshandigen hebben er in het algemeen niet veel problemen mee, en het is voor hen waarschijnlijk veel natuurlijker dan het standaardschrift. Op school krijgen linkshandigen deze neigingen grondig afgeleerd, maar ze kunnen de techniek meestal snel weer oppikken. Ook veel rechtshandigen kunnen van rechts naar links leren schrijven in een leesbaar handschrift. Er zijn sterke aanwijzingen voor dat Leonardo linkshandig was. Luca Pacioli sprak in zijn eigen geschriften over de linkshandigheid van zijn vriend, en datzelfde deed ook een zekere Sabba da Castiglioni in zijn *Ricordi*, uitgegeven in Bologna in 1546. Bovendien trok Leonardo normaal gesproken zijn schaduwlijntjes op de manier waarop linkshandige personen dat doen: van linksboven naar rechtsonder.

Welbeschouwd lijkt er dus geen enkele reden te zijn om bijzondere oorzaken te zoeken voor Leonardo's manier van schrijven. Hij was naar alle waarschijnlijkheid gewoon een linkshandige die veel aantekeningen maakte, waarbij hij in hoog tempo schreef omdat zijn hand de snelheid van zijn gedachten anders niet kon bijbenen. Wat sommigen misschien hebben beschouwd als een soort geheimschrift, was niets anders dan het gekrabbel van een man die zijn eigen persoonlijke kortschrift gebruikte om dingen zo snel mogelijk op papier te kunnen zetten. Hij heeft zelf vaak opgemerkt dat het in zijn bedoeling lag uiteindelijk veel van zijn materiaal te ordenen, dat voor hem dus net zo gemakkelijk leesbaar moet zijn geweest alsof hij het in een gewoon handschrift had geschreven.

Maar ondanks alles wat zojuist is gezegd, blijft het nog steeds mogelijk dat Leonardo met opzet zijn gedachten zodanig op papier heeft gezet dat alleen mensen die bereid waren veel moeite te doen, de teksten konden ontcijferen. Vasari noemde hem een ketter, en meer een filosoof dan een christen. Misschien hebben sommigen hem wel beschouwd als een heimelijke atheïst; veel van zijn opvattingen druisten in tegen de kerkelijke leer. Lang voordat Galileo werd aangeklaagd, had Leonardo immers al geschreven: 'De zon staat stil.' Leonardo had ook overal, in de vorm van fossielen, rotsformaties of bewegingen van het water, bewijzen gezien voor de hoge ouderdom van de aarde en voor de voortdurende veranderingen van haar geologische en biologische vormen. In het begin van de negentiende eeuw is Charles Lyell pas weer de eerste wetenschapper die net zo onddubbelzinnig weet te concluderen dat de kenmerken van het aardoppervlak het resultaat zijn van processen die plaatsvinden over lange perioden van tijd. Leonardo schreef: 'Aangezien dingen veel ouder zijn dan het alfabet, is het geen wonder dat er in onze tijd geen schriftelijke berichten bestaan over hoe de zojuist genoemde zeeën al die landen overspoeld hebben. En zelfs al zouden dergelijke verslagen wel hebben bestaan: oorlogen, branden, overstromingen en veranderingen in taal en cultuur hebben alle sporen uit het verleden gewist. Maar voor ons volstaat de getuigenis van de dingen die alleen maar in zout water voorkomen en nu worden teruggevonden in hoge bergen ver van de zee.'

Leonardo verbeeldde die getuigenis in enkele van zijn schilderijen, met name in de *Madonna in de grot*, in de *Heilige Anna te drieën* en in de *Mona Lisa*. Op de achtergrond van deze schilderijen is een oerlandschap te zien zoals het er in zijn ogen moet hebben uitgezien voordat het evolueerde (ik gebruik dit woord hier met opzet: Leonardo kwam dicht bij een beschrijving van de evolutietheorie) tot zijn huidige vorm. Meer dan eens verklaarde hij dat alles een deel was van alles; hij heeft dus het ontstaan van de wereld en het ontstaan van de mensheid beslist met elkaar in verband gebracht. Zijn fascinatie voor het een was een deel van zijn fascinatie voor het ander.

In Leonardo's optiek was de onvoorspelbare natuur de schepper van de eeuwig veranderende wonderen der aarde. Hij aarzelde niet dat uit te spreken: 'De natuur is wispelturig en schept er genoegen in voortdurend vormen voort te brengen, omdat ze weet dat haar aardse grondstoffen hierdoor toenemen. Daarom creëert ze bereidwilliger en sneller dan de tijd kan vernietigen.' Hier is geen sprake van God, en al helemaal niet van een bijbels scheppingsverhaal. Hoewel ik er zelf niet van overtuigd ben, moeten overwegingen als deze misschien toch een rol spelen in iedere theorie die probeert te verklaren waarom Leonardo zo'n ontoegankelijk schrift heeft gebruikt. De macht van de kerk was groot, en de gevaren om voor ketter te worden uitgemaakt kunnen niet worden onderschat. We hoeven maar te kijken naar het lot van Galileo en anderen die het waagden de kerkelijke leer uit te dagen.

Leonardo's aantekeningen zijn door de eeuwen heen door een kleine groep wetenschappers ontgonnen. Hun inspanningen hebben de kostbare gedachten van de schrijver voor ons allen toegankelijk gemaakt. De citaten die hier en daar in dit boek opduiken, zijn een afdoende demonstratie van de kracht van Leonardo's taal. De titel van schrijver moet worden toegevoegd aan de titels van schilder, architect, ingenieur, wetenschapper enzovoort. Wat zo opmerkelijk is aan sommige van de prachtige taal- en gedachtespinsels, is dat ze uitsluitend bedoeld lijken voor Leonardo zelf, nog ongeacht de overwegingen of hij misschien zijn ketterij verborgen wilde houden. De estheet, de observator van mens en natuur, de moraalfilosoof die tot ons komt vanaf de bladzijden van de manuscripten, spreekt vanuit zijn diepste gedachten en emoties. Het is alsof hij zich tot ons richt in een ononderbroken stroom van bewustzijn die zich over een periode van meer dan dertig jaar uitstrekt. Hier is geen sprake van innerlijke censuur, hier spreekt de kristalheldere stem van oprechtheid, innerlijke overtuiging en – zeer opmerkelijk voor zijn tijd – een verfrissende, onbevooroordeelde nieuwsgierigheid.

Stel dat Leonardo een boek met zijn levensfilosofieën had willen samenstellen, of een verzameling gedenkwaardige aforismen, of een overzicht van zijn theorieën over het heelal en diens relatie met de mens, dan zou hij nooit zo goed in zijn opzet zijn geslaagd als hij nu heeft gedaan via zijn ogenschijnlijk willekeurige mengeling van willekeurige gedachten die, te midden van schetsen, bouwkundige ontwerpen, wetenschappelijke observaties, wiskundige berekeningen, citaten van andere schrijvers en notities over het dagelijks leven, verspreid liggen over de pagina's van zijn losse bladen en aantekenboeken. Hij presenteert tegelijkertijd zijn intiemste gedachten en een openbaar debat over de boodschap die hij zijn leven lang wilde overbrengen: dat de mens slechts begrepen kan worden via de natuur; dat de geheimen van de natuur slechts ontraadseld kunnen worden via onbevooroordeelde waarnemingen en experimenten; dat er geen grenzen zijn aan wat een mens kan begrijpen; dat er een eenheid bestaat tussen alle elementen in het heelal; dat de studie naar *vorm* essentieel is, maar dat de sleutel tot inzicht ligt in de studie naar *beweging* en *functie*; dat het onderzoek naar krachten en energiestromen zal leiden tot begrip van de dynamiek van de natuur; dat wetenschappelijke kennis reduceerbaar moet zijn tot wiskundige principes; dat de ultieme vraag naar al het leven en zelfs naar heel de natuur niet *hoe* luidt, maar *waarom*.

'Dat de mens slechts begrepen kan worden via de natuur.' Dit inzicht heeft veel verder strekkende gevolgen dan op het eerste gezicht lijkt. Leonardo's denken is doordrenkt met de oude these dat de mens een microkosmos is van de macrokosmos van het heelal. In zijn denken was dit echter geen spiritueel, maar een mechanisch concept dat beheerst werd door de krachten van de natuur. Alles komt voort uit alles en alles is weerspiegeld in al het andere. De structuur van onze planeet is als de structuur van de mens:

> De ouden noemden de mens 'een wereld in het klein'. Die term is zeer correct, want de mens is samengesteld uit aarde, water, lucht en vuur, evenals de aarde. En zoals de mens beenderen bezit als ondersteuning en geraamte voor het vlees, zo bezit de aarde rotsen die haar steun geven. En zoals de mens een voorraad bloed heeft waarin de longen uitdijen en krimpen als hij ademhaalt, zo heeft het lichaam van de aarde zijn oceaan die ook iedere zes uur uitdijt en krimpt, wanneer de wereld ademhaalt. Zoals uit de voornoemde voorraad bloed de aderen ontspringen en zich met hun vertakkingen door het lichaam verspreiden, zo vult de oceaan het lichaam van de aarde met een oneindig aantal aderen water.

Sommige aforismen in Leonardo's teksten hebben de gedragenheid van bijbelse verzen, en vormen zelfs parallellen met *Spreuken*, *Psalmen* of *Prediker*. Lees deze beroemde woorden van Leonardo: 'Schoonheid in het leven vergaat, niet in de kunst', waarmee hij zijn overtuiging weergeeft dat schilderkunst de hoogste kunstvorm is: 'De tong verdroogt van dorst en het lichaam verslijt door gebrek aan slaap voordat je in woorden kunt beschrijven wat een schilderij in een oogopslag laat zien.'

Lees ook deze opmerking over de onsterfelijkheid die we verwerven door de manier waarop we leven en door de nalatenschap van onze prestaties: 'Jullie die slapen, wat is slaap? Slaap lijkt op de dood. Waarom leveren jullie geen werk af dat jullie na jullie dood onsterfelijkheid zal verschaffen? Door te slapen worden jullie tijdens jullie leven als de ongelukkige doden.' En elders vinden we de daaruit voortvloeiende opmerking: 'Vermijd die studie waarvan de resultaten sterven met de werker.'

De volgende uitspraak lijkt rechtstreeks uit *Spreuken* te komen: 'Noem dat wat je kunt verliezen, geen rijkdom; deugd is onze ware welvaart, en de ware beloning van degene die hem bezit... Wees altijd beducht voor eigendom en materiële welvaart; vaak genoeg brengen ze schande over degene die ze bezit doordat hij bespot wordt wanneer hij ze niet meer heeft.' Al deze gedachten stammen van een man die door sommige van zijn tijdgenoten als 'volkomen ongeletterd' werd betiteld.

Natuurlijk zijn niet alle aantekeningen zo verheven. Hij stelde ook gewoon lijsten op met boeken die hij wilde kopen of lezen. Hij maakte ook notities over aardse bekommernissen in verband met zijn grote huishouden en zijn atelier met kunstenaars en handwerklieden. Hij schreef ook brieven aan allerlei beschermheren met klachten over achterstallige betalingen. Zo staat in het samenraapsel van manuscripten dat de *Codex Atlanticus* wordt genoemd, het volgende brieffragment, dat aan Ludovico Sforza was gericht tijdens zijn eerste verblijf in Milaan:

> Met pijn in het hart moet ik u meedelen dat ik het werk dat u mij hebt opgedragen, heb moeten onderbreken omdat ik mijn brood moest verdienen [door opdrachten van derden aan te nemen]. Ik hoop echter in korte tijd voldoende geld te hebben verdiend om met een gerust gemoed te kunnen voldoen aan de wens van uwe Excellentie, bij wie ik mij aanbeveel. En mocht uwe Hoogheid denken dat ik voldoende geld had, dan is uwe Hoogheid verkeerd geïnformeerd, want ik had vijftig dukaten om zes monden te voeden gedurende 36 maanden.

Leonardo voelde zich ook niet te goed om zichzelf op de

borst te kloppen als de gelegenheid zich voordeed. Hier volgt een fragment uit een brief uit dezelfde periode aan een onbekende ontvanger:

> Ik kan u verzekeren dat u van deze stad alleen maar twee-derangs werk en ondermaatse en ongekwalificeerde meesters kunt verwachten. Geloof me, er is maar één man geschikt: Leonardo de Florentijn, die het bronzen paard voor hertog Francesco maakt en die zichzelf niet hoeft aan te prijzen omdat hij een opdracht heeft die hem zijn hele leven lang bezighoudt, en ik twijfel eraan of hij hem ooit voltooit, want het is een verschrikkelijk omvangrijk werk.

Zo heel af en toe stuiten we op een uitspraak die zo vooruitstrevend is dat we moeten stoppen en hem nog eens lezen en herlezen, om er zeker van te zijn dat we hem juist interpreteren. Leonardo introduceerde zo veel nieuwe denkbeelden dat we misschien de neiging hebben hem meer eer toe te kennen dan hij eigenlijk verdient, en we moeten oppassen dat we in sommige uitspraken niet meer lezen dan er staat. We kunnen echter onmogelijk aan de indruk ontkomen dat Leonardo in de volgende passage de uitgangspunten van de evolutietheorie uitlegt, die hij overigens op talloze andere pagina's helder verwoordt wanneer hij zijn observaties van geologische formaties, waterbewegingen en fossielen vastlegt. 'Behoefte is de meester en leraar van de natuur', schrijft hij. 'Het is het thema en de inspiratie van de natuur, haar teugel en haar eeuwige regulateur.' De behoefte is de drang om in leven te blijven; het is de katalysator voor het evolutionaire proces.

Op dezelfde manier lijkt hij de principes te hebben begrepen van wat later de inductieve redeneertrant zou worden genoemd en van de rol van het experiment bij het verklaren van de algemene wetten van de natuur:

Voordat ik verderga, voer ik eerst wat experimenten uit. Ik wil namelijk eerst een beroep doen op de ervaring en dan door middel van redeneren aantonen waarom zo'n experiment op deze manier moet werken. Dit is de correcte methode die gehanteerd moet worden bij de analyse van natuurlijke verschijnselen; en hoewel de natuur begint met de oorzaak en eindigt met de ervaring, moeten wij de omgekeerde weg bewandelen: uitgaan van de ervaring en aan de hand daarvan de oorzaak onderzoeken.

Een dergelijke werkwijze was in Leonardo's tijd in feite ongehoord. Het was een zeventiende-eeuwse manier van denken in een tijd waarin alle filosofen juist het tegenovergestelde deden: overkoepelende theorieën opstellen om ervaringen en waarnemingen te verklaren. Pas meer dan een eeuw later formuleerde William Harvey, de ontdekker van de bloedsomloop, in een korte zin het beginsel dat de 'ongeletterde' Leonardo vrijwel vanuit een wetenschappelijk vacuüm had geponeerd: 'We gaan uit van onze eigen waarneming en klimmen op van lagere dingen naar hogere.'

De manuscripten van Leonardo hebben ons langs allerlei verschillende routes bereikt. Aan het begin van hun reis waren ze echter allemaal in het bezit van de trouwe Francesco Melzi. Zijn gevoelens voor zijn vriend en leidsman blijken niet alleen uit de berichten van zijn tijdgenoten, maar ook uit een brief die hij aan Leonardo's broers heeft geschreven om hen te informeren over zijn dood. 'Hij was de beste vader die ik me kon wensen,' schreef de jongeman die zijn biologische vader had verlaten om bij Leonardo te kunnen zijn, 'en ik kan onmogelijk het verdriet onder woorden brengen dat mij sinds zijn overlijden heeft getroffen... Het verlies van zo'n man doet iedereen pijn, want de natuur kan iemand als hij geen tweede keer voortbrengen.'

Nadat Leonardo was begraven in de kloosterkerk van

Saint Florentin in Amboise, werd zijn testament voorgelezen, waarbij de erflater aan de 26-jarige Melzi 'als beloning voor zijn goede zorgen in het verleden alle boeken die de erflater op dit ogenblik bezit, en de instrumenten en portretten die in verband staan met zijn beroep als schilder' nalaat.

Melzi keerde spoedig daarna terug naar het landgoed van zijn familie in Vaprio bij Milaan, waar hij een selecte groep bezoekers inzage gaf in de geschriften. Hij deed een poging het materiaal te ordenen en aan het eind van zijn leven had hij uit alle manuscripten 344 korte hoofdstukken samengesteld, maar zelfs deze bleken slecht geordend te zijn en werden nooit gepubliceerd. In 1566 kreeg hij bezoek van Vasari, die opmerkte dat bepaalde delen van de manuscripten die betrekking hadden op de schilderkunst, niet meer in het bezit van de oude man waren. Aantekeningen die handelden over 'schilderkunst en compositie in het algemeen en over zijn kleurentheorie' en die ook opmerkingen bevatten over anatomie en de verhoudingen van het lichaam, waren blijkbaar in handen gekomen van een niet met name genoemde kunstenaar in Milaan. Hoogstwaarschijnlijk zijn dit de manuscripten die tezamen onder de titel *Traktaat over schilderkunst* zijn gepubliceerd, voor het eerst in Parijs in 1651 en in een completere editie in 1817. Maar Melzi had andere aanbiedingen voor de rest van de manuscripten afgeslagen omdat hij ze graag bijeen wilde houden. Na zijn dood in 1570 kwamen de manuscripten in handen van zijn neef en erfgenaam, de advocaat Orazio Melzi. Deze voelde zich vrij om ermee te doen wat hij wilde. Blijkbaar heeft de huisleraar van Orazio's kinderen zich een deel ervan toegeëigend en werd de rest weggegeven. Een groep manuscripten kwam terecht bij de beeldhouwer Pompeo Leoni, die in dienst was van Filips II van Spanje, aan wie hij de geschriften had beloofd. Leoni heeft ze ook daadwerkelijk naar Spanje meegenomen, maar Filips stierf voordat Leoni ze kon overdragen.

In plaats daarvan stelde hij één groot boekdeel samen uit fragmenten van de geschriften en zeventienhonderd tekeningen en schetsen, die grotendeels weinig onderlinge samenhang vertoonden. Dit 1222 pagina's tellende boek, in feite een soort plakboek, gaf hij de naam *Codex Atlanticus*. We weten niet hoeveel aantekeningen hij buiten deze verzameling heeft gehouden. Toen Leoni in 1610 stierf, erfde Polidoro Calchi deze codex en enkele van de andere manuscripten, die hij in 1625 aan graaf Galeazo Arconati verkocht. Inmiddels was het bestaan van Leonardo's geschriften alom bekend geraakt, en ze werden als uiterst kostbaar beschouwd. In 1636 bood Arconati de *Codex Atlanticus* aan de Biblioteca Ambrosiana in Milaan aan, samen met elf andere boekdelen van Leonardo. Aangezien de bibliotheek in 1603 een ander boek had gekregen van haar stichter, kardinaal Federico Borromeo, bezat ze nu in totaal dertien boekdelen. Bepaalde manuscripten zijn ook bij andere eigenaren terechtgekomen, en een aantal daarvan is ongetwijfeld verloren gegaan.

Toen Napoleon in 1796 Italië binnenviel, eiste hij de manuscripten als oorlogsbuit op. De *Codex Atlanticus* werd overgebracht naar de Bibliothèque Nationale en de twaalf andere boekdelen naar de bibliotheek van het Institut de France in Parijs. Elk van deze twaalf boeken werd – voor de allereerste keer – zorgvuldig onderzocht en beschreven door J.B. Venturi. Tot op de dag van vandaag worden ze nog steeds volgens Venturi's systeem aangeduid met de letters van het alfabet, te beginnen bij de *A*. Na de nederlaag van Napoleon kwam de *Codex Atlanticus* weer in het bezit van de Biblioteca Ambrosiana, waar de manuscripten werden opgedeeld en nu worden bewaard in twaalf aparte banden. De andere teksten bleven tot op de dag van vandaag in Parijs, met één uitzondering: het aantekenboek *Over het vlieggedrag van vogels*, dat oorspronkelijk met manuscript *B* in één band was ondergebracht, is ergens halverwege de negentiende eeuw apart gestolen en na een lange omweg in de bibliotheek van Turijn terechtgekomen.

Een ander deel van de manuscripten die oorspronkelijk aan Melzi hebben toebehoord, is in Engeland beland. Blijkbaar behoorden deze geschriften tot degene die Pompeo Leoni in Spanje had achtergelaten. In 1638 verkocht hun Spaanse eigenaar ze aan Thomas Howard, graaf van Arundel, die in die tijd door Spanje reisde. Howard nam ze mee naar Engeland en schijnt ze cadeau te hebben gedaan aan Karel 1. Een deel ervan is onder de titel *Codex Arundel* in 1681 aan de Royal Society geschonken en in 1831 in het British Museum terechtgekomen. De overige geschriften, waaronder de anatomische tekeningen, zijn naar de Royal Library in Windsor gestuurd, waar ze in een grote afgesloten houten kist zijn bewaard, samen met enkele tekeningen van Hans Holbein; ze zijn pas ruim een eeuw later teruggevonden. Verschillende in Engeland terechtgekomen delen van de manuscripten bevinden zich nu in de Royal Library in Windsor, het British Museum, het Victoria and Albert Museum (waar ze de Forstercollectie vormen) en tot voor kort in de Leicestercollectie in Holkham Hall. De Leicestermanuscripten zijn nu in handen van multimiljonair Bill Gates, de topman van Microsoft. Kenneth Keele schat dat de manuscripten waarvan het bestaan bekend is, slechts eenderde deel van Leonardo's oorspronkelijke aantekeningen vormen.

Voor de manuscripten die eens bekend waren maar nu onvindbaar blijken, is er echter nog hoop. In 1965 zijn bijvoorbeeld twee verloren gewaande aantekenboeken in de Spaanse Biblioteca Nacional teruggevonden. Het eerste, dat bekend staat onder de naam *Madrid Codex I*, handelt over theoretische en toegepaste mechanica; het tweede, *Madrid Codex II*, is een bonte verzameling aantekeningen over allerlei verschillende onderwerpen, zoals schilderkunst, vestingwerken, waterbouwkunde, geometrie en optica.

De eerste manuscripten zijn reeds vroeg verdwenen. In de oorspronkelijke nalatenschap van Leonardo bevonden zich uiteraard alleen de werken die hij naar Frankrijk had meegenomen. Het is bijvoorbeeld bekend dat bij Leonardo's verhuizing in 1516 een groot deel van zijn anatomisch werk in het Santa Maria Nuovaziekenhuis in Florence is achtergebleven, en dus verloren is gegaan. Naar het lot van andere manuscripten kunnen we alleen maar raden. De hertog van Ferrara kreeg bijvoorbeeld in 1523 te horen dat Melzi *quelli libricini di Leonardo di Notomia* bezat. *Libricini* suggereert dat de anatomische studies zich in kleine notitieboekjes bevonden, en dergelijke boekjes treffen we niet aan in het materiaal van Windsor Castle.

Het vergt werkelijk een herculische intellectuele krachtsinspanning om wijs te worden uit de overgebleven manuscripten. Leonardo had blijkbaar een onweerstaanbare neiging om alles wat hij wist, of in ieder geval elk probleem waarmee hij zich bezighield, op te schrijven. Zelfs al hadden geleerden de mogelijkheid gehad de geschriften in ongeschonden staat te bestuderen, dan zouden deze een ingewikkelde legpuzzel van waarnemingen, vermoedens en losse gedachten hebben opgeleverd, zonder enige ordening en met nauwelijks enig onderscheid in categorieën of tijdperioden. De manuscripten van Leonardo vormen een literair en wetenschappelijk pandemonium: de *Codex Atlanticus* is bijvoorbeeld niet meer dan een verzameling knip- en plakwerk; veel andere aantekeningen, in hun oorspronkelijke vorm al een toonbeeld van chaos, zijn zonder enige systematiek bij elkaar gezet; verbindende teksten die misschien in enkele verdwenen aantekenboeken en bladen aanwezig zijn geweest, ontbreken ten enenmale. Gelukkig voor het nageslacht heeft de uitdaging die de manuscripten bieden, enkele generaties Leonardo-onderzoekers tot grote prestaties geprikkeld, vooral in onze tijd. Zij, en dankzij hen ook wij, hebben daardoor kennis kunnen maken, ook al is het slechts ten dele, met misschien de meest veelzijdige geest die de wereld ooit heeft gekend, en zeker de meest innemende.

# HOOFDSTUK 7

# De anatomie

'Dingen die geschikt zijn voor de ogen'

Een groep manuscripten van Leonardo die in de zeventiende eeuw in Engeland terecht was gekomen, lag veilig opge-
borgen in een afgesloten kist. Maar afgesloten kisten hebben de neiging te verdwijnen of te worden vergeten wanneer
bijvoorbeeld hun eigenaar wordt onthoofd en een nieuw re-
giem aan de macht komt. Dit is precies wat er is gebeurd in
de Engelse burgeroorlog en de nasleep daarvan. Vermoedelijk in 1778 werd de kist per toeval in Windsor Castle ontdekt door Robert Dalton, de bibliothecaris van de koning.
Hij had geen idee wat de inhoud van de kist was of waar de
sleutel kon zijn. Dalton brak de mysterieuze kist met geweld
open en was verbijsterd over wat hij aantrof. Hij moet on-
middellijk de waarde van de inhoud hebben herkend, want
in die tijd had de legende van Leonardo's anatomische studies zich al overal door Europa verspreid, hoewel er feitelijk
gezien maar weinig materiaal was om die legende te ondersteunen. Ze was gebaseerd op de tekeningen en notities in
het *Traktaat over schilderkunst* en op het wijdverbreide ge-
rucht dat er meer moest zijn.

In 1784 vroeg William Hunter, Engelands meest vooraanstaande anatoom, toestemming om de collectie te bestuderen. Hij had gehoord dat ze 799 tekeningen bevatte (tegenwoordig zijn er helaas nog maar zeshonderd van over),
waarvan ongeveer tweehonderd van het menselijk lichaam.
Hij wist niet wat hij zag:

Ik verwachtte eigenlijk niet meer aan te treffen dan de typische anatomische studies die een schilder voor zijn werk gebruikt. Maar tot mijn grote verrassing zag ik dat Leonardo een breed georiënteerde en grondige onderzoeker was geweest. Als ik denk aan de nauwgezette aandacht die hij aan ieder deel van het lichaam heeft geschonken, aan de superioriteit van zijn universele talenten, aan zijn bijzondere expertise op het gebied van mechanica en hydraulica, aan de precisie waarmee hij de onderwerpen die hij wilde tekenen, bestudeerde en bekeek, dan ben ik ervan overtuigd dat Leonardo in die tijd de beste anatoom ter wereld was.

Hoe hartstochtelijk ook gezongen, Hunters lofzang doet Leonardo te weinig recht. Tot aan de publicatie in 1543 van *De humani corporis fabrica*, de voortreffelijke verhandeling van Andreas Vesalius, is er geen enkel anatomisch werk geweest dat wat nauwkeurigheid betreft ook maar in de schaduw kon staan van dat van Leonardo. Vesalius wordt terecht beschouwd als degene die voor het eerst een moderne aanpak heeft ontwikkeld voor de studie van het menselijk lichaam, maar in feite was Leonardo hem voor geweest; alleen was vrijwel niemand daarvan op de hoogte. Rechtstreeks tekeningen maken van een kadaver was een methode die in Leonardo's tijd volstrekt ongekend was. Artsen uit die periode vonden zelfs dat tekeningen maar afleidden van de tekst. Ze gebruikten ze uitsluitend om hun theoretische denkbeelden te onderbouwen, die de student zich eigen moest maken door erover te lezen. Veel docenten in de geneeskunde hebben nog eeuwen daarna een afkeer gehouden van illustraties, zoals blijkt uit een opmerking in een bespreking van de eerste editie van *Anatomy Descriptive and Surgical* (*Gray's Anatomy*) in de *Boston Medical and Surgical Journal* van juli 1859: 'Geef een student algemene illustraties en hij zal ze beslist gebruiken ten koste van de tekst.' De recensent veroordeelde Henry Gray's overvloedige gebruik van gedetailleerde afbeeldingen en staafde zijn argumentatie door te wijzen op twee teksten uit die tijd, die hij betitelde als 'twee van de meest succesvolle anatomische boeken die ooit verschenen zijn; beide hebben een aantal edities beleefd en geen van beide bevatte ook maar één illustratie.' De recensent was Oliver Wendell Holmes, hoogleraar anatomie in Harvard, en het tijdschrift waarin hij schreef was de voorloper van de *New England Journal of Medicine*.

Maar zelfs de grote Vesalius was niet in staat de nog grotere Leonardo ook maar te benaderen in zijn begrip van de mechanica van het lichaam, van de manieren waarop de diverse structuren hun functie vervulden. De helderheid van Leonardo's tekeningen over dit onderwerp was onovertroffen. Enkele van Leonardo's ontdekkingen op allerlei gebieden werden pas na vele jaren, zelfs eeuwen herontdekt.

Het zou ook vele jaren duren – tot halverwege de twintigste eeuw om precies te zijn – voordat volledig duidelijk werd hoe groot Leonardo's prestaties en kennis op het gebied van anatomie en fysiologie in feite geweest waren. In Leonardo's ogen is de menselijke vorm een lichaam in beweging. Alle bewegingen en activiteiten daarvan, zowel extern als intern, zijn in overeenstemming met de principes van de mechanica en daardoor toegankelijk voor objectief onderzoek. Het bijzondere van deze zienswijze kunnen we misschien inzien wanneer we ons realiseren dat veel – misschien wel de meeste – wetenschappers in de eeuwen na Leonardo zich beriepen op bovennatuurlijke factoren om de gaten in hun kennis op te vullen en verschijnselen te verklaren die via hun experimentele onderzoek niet opgehelderd werden. Voor deze wetenschappers bleven bepaalde verschijnselen voor altijd ontoegankelijk voor onderzoek omdat ze behoorden tot het rijk van het geestelijke. De invloed van deze bovennatuurlijke factoren ontkennen was erger dan ketterij; het was godslastering.

Het verschil in benadering tussen Leonardo en zijn voorgangers is onvoorstelbaar groot; het woord *bijzonder* schiet tekort om deze gapende kloof te omschrijven. Vanaf de tweede eeuw na Christus is niet alleen de anatomie, maar alle geneeskunde gedomineerd geweest door de geschriften van Galenus, een Griekse arts die voornamelijk in Rome heeft gewerkt. Al zijn ideeën over het menselijk lichaam drukte hij uitsluitend uit in termen van gezondheid en ziekte, en deze zienswijze heeft zo'n gezag verworven dat ze door alle wetenschappers na hem als uitgangspunt is genomen. Wie de autoriteit van Galenus ter discussie stelde, stelde in wezen het hele bouwwerk van de geneeskunde zoals die toen begrepen werd, ter discussie. Leonardo was de eerste die een ander pad durfde in te slaan. Galenus' leerstellingen hadden voor alle geneeskundigen in de Middeleeuwen en de Renaissance net zoveel gezag als de kerkelijke leer. Schrijvers over geneeskunde waren in die tijd niet meer dan redacteuren en commentatoren van de werken van Galenus, met af en toe een knieval voor Aristoteles, wanneer beiden het niet eens waren.

Van de enorme hoeveelheid werken die Galenus heeft geschreven, zijn er zo'n honderd bewaard gebleven, toch nog genoeg om een boekenkast mee te vullen. De opvattingen die hij daarin verwoordt, zijn gebaseerd op ontledingen van dieren en op theoretische speculaties die uitgaan van de gedachte dat een opperste handwerksman de activiteiten van alle structuren in de natuur heeft gecreëerd en leidt. Zijn leerstellingen zijn niet gebaseerd op gedetailleerde kennis van het menselijk lichaam, maar op universele en fantasierijke theorieën over fysiologie. Voor Galenus en voor de artsen die bijna anderhalf millennium lang kritiekloos zijn opvattingen hebben nagevolgd, was ziekte een vaag proces dat in gang werd gezet doordat de verhouding tussen de vier lichaamssappen – bloed, zwarte gal, gele gal en slijm – en de vier attributen – warm, koud, droog en nat – verstoord was geraakt. In zo'n speculatief systeem had het geen zin de structuur of de werking van organen precies te kennen aangezien Galenus' leer alle handvatten bood om de geneeskunst uit te oefenen. De paar tekeningen die in medische teksten voorkwamen, waren eerder veraanschouwelijkend dan werkelijk anatomisch van aard en ze gaven slechts een primitieve, globale weergave van de werkelijkheid. Meer hoefden ze ook niet te doen, want ze waren alleen maar bedoeld ter illustratie van de verstoorde sappenverhoudingen die de ziekten veroorzaakten. Vóór Leonardo vond niemand het belangrijk betrouwbare tekeningen te maken van structuren die dieper lagen dan de buitenste spierlaag van de buikwand.

Het anatomische handboek *Anathomia* van Mondino di Luzzi, hoogleraar in Bologna, was standaardlectuur op alle Italiaanse universiteiten aan het eind van de vijftiende eeuw. Zijn opvattingen over anatomie en ziekten waren vooral beïnvloed door Arabische commentatoren op Galenus. De belangrijkste hiervan waren Avicenna (Aboe Ali al-Hoessein ibn Abdalla ibn Sina om precies te zijn), wiens *Canon* vroeg in de elfde eeuw was gepubliceerd, en Albucasis (Aboe'l-Qasim), de arts uit Cordoba wiens *Meliki* ongeveer vijftig jaar later verscheen. De in 1316 geschreven *Anathomia* was een octavo van slechts veertig pagina's. Mondino was toentertijd een van de weinige docenten die zelf wel eens een lichaam hadden opengesneden, al was het maar om een snelle blik op het inwendige te kunnen werpen. Daardoor bevatte zijn boek instructies voor het maken van anatomische preparaten. Handgeschreven kopieën waren overal in Europa te vinden totdat in 1478 de eerste gedrukte uitgave verscheen. Tussen dat jaar en 1580 werden 33 edi-

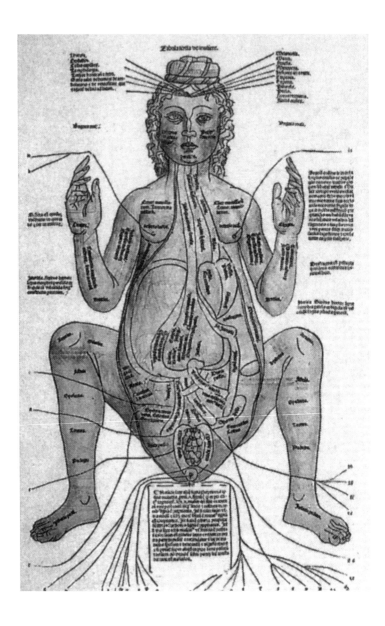

Anatomie van de vrouw;
een illustratie uit de *Fasciculus medicinae*

ties gepubliceerd (het woord *editie* werd toentertijd gebruikt voor zowel een herdruk als een echte nieuwe versie), inclusief de versies die werden opgenomen in de zeven edities van het wijdverspreide boek *Fasciculus medicinae*, dat onder de naam Johannes de Ketham door een onbekende auteur was geschreven. De *Fasciculus*, oorspronkelijk gepubliceerd in 1491, was een verzameling geschriften over aderlating en chirurgie en bevatte de eerste houtsneden in medische teksten. Het lijkt erop dat Leonardo de Italiaanstalige editie van de *Anathomia* uit 1494 heeft gebruikt. In zijn manuscripten verwijst hij (in niet al te vleiende bewoordingen) naar Mondino's boek en misschien heeft hij op basis van dit boek zijn eerste ontledingen uitgevoerd. De terminologie die hij hanteert, lijkt zo op die van de *Anathomia* dat hij ongetwijfeld door dat boek beïnvloed is geweest.

Hoewel de *Anathomia* enkele oppervlakkige beschrijvingen van de organen biedt, is het merendeel van de tekst gebaseerd op Arabische interpretaties van Galenus. Er zijn ook nog andere boeken waarnaar Leonardo verwijst, maar alle hebben dezelfde middeleeuwse inslag als dat van Mondino. De *Anathomia* bevatte geen illustraties, maar er circuleerde wel een standaardtekening die al bijna een eeuw bestond. Dit was de afbeelding waarnaar docenten en studenten in het algemeen verwezen. Het was de eerste gedrukte illustratie van de anatomie van de inwendige organen en werd afgebeeld in de *Fasciculus medicinae*, waarin ook Mondino's *Anathomia* was opgenomen. Toen Leonardo aan de *Mona Lisa* werkte, heeft hij een tekening gemaakt van dezelfde structuren. Om een idee te krijgen van de enorme sprong voorwaarts die Leonardo ten opzichte van zijn voorgangers maakte, moeten we deze twee tekeningen naast elkaar leggen. Het verschil moet ook Leonardo zelf hebben gefrappeerd toen hij zijn eigen resultaten vergeleek met de bestaande kennis van die tijd. Hij hield zijn gedachten ech-

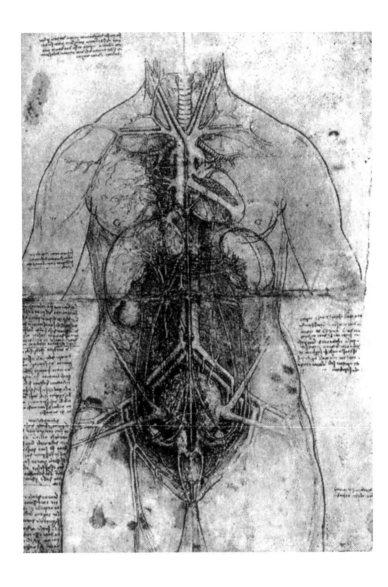

Anatomie van de vrouw; een tekening van Leonardo

ter voor zich. Volkomen in tegenstelling tot de gewoonte van die tijd maakt hij nergens in zijn geschriften een vergelijking tussen zijn eigen bevindingen en die van zijn voorgangers.

Hoe werd die bestaande kennis echter overgeleverd? Andreas Vesalius beschreef zo'n dertig jaar na Leonardo's dood de onderwijsmethode die op de Europese universiteiten gangbaar was. Al minstens een eeuw lang was het ontleden van menselijke lichamen, met toestemming van de kerk, een onderdeel van de formele artsopleiding. In 1543 nam Vesalius in het voorwoord van *De humani corporis fabrica* een beschrijving op van een typische anatomische les van een typische hoogleraar. Deze practica werden een- of tweemaal per jaar gegeven om aan de vereisten van het curriculum te voldoen en dienden geen ander doel dan de waarheid van Galenus' opvattingen te staven. Ze waren de enige keren dat studenten met een lijk in aanraking kwamen. Vesalius vond de hele onderneming...

> ...een afschuwelijke ceremonie, waarin bepaalde personen [speciale chirurgen] een menselijk lichaam ontleden. Anderen [de hoogleraar of zijn assistent] vertellen het verhaal van de lichaamsdelen. Ze preken daarbij vanaf een hoge kansel en ratelen met grote arrogantie over zaken waarvan ze geen verstand hebben. Ze vertrouwen liever op wat ze uit boeken van anderen [galenische en Arabische teksten] hebben onthouden of ze herkauwen bekende kost. En de chirurgen zelf komen zo slecht uit hun woorden dat ze niet in staat zijn de toeschouwers te vertellen wat ze hebben ontleed.

Dit tafereel wijkt wel heel erg af van de manier waarop Leonardo zijn ontledingen uitvoerde; zijn visie op anatomie was dan ook een totaal andere. Leonardo ging ervan uit dat begrip van het *hoe* een voorwaarde was om de eeuwige vraag naar het *waarom* te kunnen beantwoorden. Die zienswijze vereiste de uiterste aandacht voor anatomische details. Niemand van zijn voorgangers had een dergelijke nauwkeurigheid zelfs maar in overweging genomen. Helder waarnemen en objectief interpreteren waren de sleutels tot de oplossingen van de raadsels van de natuur. Hij had het oog van een kunstenaar, maar ook de nieuwsgierigheid van een wetenschapper. Bovendien besefte hij dat een verschijnsel pas volledig kon worden begrepen wanneer het in zijn samenstellende delen was ontbonden. Pas wanneer de minutieuze details van een structuur bekend waren, kon hij proberen de werking ervan te verklaren.

De Hippocratische artsen uit de vierde en derde eeuw voor Christus wisten dit al. Hun observaties van zieke mensen waren zo gedetailleerd, en hun beschrijvingen zo accuraat dat ze gecontroleerd konden worden door iedereen die zich de moeite nam om goed genoeg te kijken. Maar omdat Hippocrates en zijn opvolgers zich niet bezighielden met anatomie, heerste er geen traditie om met dezelfde nauwkeurigheid de inwendige organen van het lichaam te bestuderen. Toen Galenus vijfhonderd jaar later ten tonele verscheen, liet hij na de menselijke organen en bewegingen aan een grondige studie te onderwerpen en baseerde hij zijn opvattingen over anatomie en fysiologie op ontledingen van dierlijke kadavers en op speculatieve filosofische theorieën. En plotseling, na zoveel eeuwen, kwam Leonardo, die als een tweede Hippocrates begreep dat de sleutel tot een begrip van de natuur – en met name de natuur van de mens – te vinden was in het kritische onderzoek naar de details.

Maar onderzoek doen was niet voldoende. Het onderzoek moest ook gedocumenteerd en vastgelegd worden, niet alleen om de nieuw verworven kennis te bewaren, maar ook om haar later in alle rust te kunnen bestuderen. Dat was met name bij anatomische studies belangrijk omdat de onderzochte structuren binnen enkele dagen of zelfs uren zouden bederven. Leonardo wilde zijn onderzoek niet vastleggen door middel van woorden: alleen een tekening kon in zijn ogen de resultaten van het detailonderzoek correct overbrengen.

Schrijver! Kunt u een gecompliceerde vorm beschrijven met dezelfde perfectie als een tekening dat kan? Zonder kennis van zaken zult u een verwarrende beschrijving geven en weinig informatie over de ware vorm van de dingen bieden. U houdt uzelf voor de gek wanneer u denkt dat u de lezer tevreden kunt stellen met een verbale uitleg over gecompliceerde fysieke objecten. Hul uzelf dus niet in woorden, tenzij u tegen een blinde spreekt. Maar als u toch iets wilt uitleggen door middel van woorden, spreek dan van stoffelijke of natuurlijke zaken en breng dingen die geschikt zijn voor de ogen niet via de oren onder de aandacht van de mensen, want de schilder kan dat veel beter dan u. Kunt u werkelijk het hart beschrijven zonder een heel boek vol te schrijven? Hoe meer details u aan uw beschrijving toevoegt, des te meer zult u de lezer verwarren.

Woorden waren bij Leonardo van ondergeschikt belang. De teksten die hij naast de tekeningen in zijn anatomische manuscripten schreef, hebben meer het karakter van aanvullend commentaar. Ze bestaan uit verklarende opmerkingen, suggesties voor mogelijke andere tekeningen en probleemstellingen die nader onderzoek vereisen. De anatomische manuscripten zijn op de eerste plaats verzamelingen van tekeningen. De verschillende tekeningen verkeren in verschillende stadia van voltooiing en variëren van oppervlakkige schetsen tot volledig uitgewerkte illustraties, en alles daartussenin.

Zijn weergave van de diverse structuren getuigt van een verfrissende nieuwe aanpak. Leonardo wilde niet alleen maar laten zien hoe een structuur er van de voorkant uitzag. Hij tekende haar vanuit ieder perspectief: van achter, van opzij, van onder, van boven en vanuit verschillende hoeken. Hij deed alles wat nodig was om het driedimensionale karakter van een structuur tot uitdrukking te brengen. Zoals eerder gezegd, was hij ook de eerste die dwarsdoorsneden maakte; hij zaagde bijvoorbeeld een been bij de kuit doormidden en maakte een tekening van de doorsnede om te verduidelijken hoe de spieren liepen. Hij sneed een orgaan of een ledemaat vaak een aantal malen doormidden, waarbij hij verscheidene exemplaren gebruikte. Op deze manier probeerde hij ieder detail van de anatomie vast te leggen. Soms suggereerde hij diepte in een illustratie door boven elkaar liggende lagen te tekenen, zoals bij transparanten. Soms suggereerde hij diepte door overtollige lagen weg te laten. Om bloedvaten te tekenen verwijderde hij bijvoorbeeld al het weefsel eromheen, zodat hij ze afzonderlijk kon afbeelden.

Dit waren niet de enige innovaties. Hij zaagde beenderen door om de interne structuur te laten zien. De ingewanden in buik en borst tekende hij van de achterkant. Hij spoot was in de holten van de organen, zoals hartkamers en hersenholten, waardoor hij nauwkeurige afgietsels verkreeg van hun vormen. Toen Leonardo een preparaat wilde maken van een oog, een zeer moeilijk lichaamsdeel om te ontleden, kwam hij op het idee om het oog eerst in eiwit onder te dompelen en vervolgens te koken, zodat het weefsel gestold was voordat hij erin begon te snijden. Dergelijke technieken worden tegenwoordig alom gebruikt om zachte structuren goed te kunnen snijden.

Het was nooit Leonardo's bedoeling om alleen maar een accurate weergave van de diverse lichaamsdelen te maken. Hij wilde ook laten zien hoe ze functioneerden in relatie tot de rest van het lichaam. Vanuit deze optiek zijn de driedimensionale relaties tussen de verschillende structuren en hun ruimtelijke verdeling uiterst belangrijk. Zij maken namelijk duidelijk hoe de krachten die Leonardo als bron van alle beweging zag, werkzaam zijn. Om die krachten te bestuderen verving Leonardo individuele spieren in een skelet door koperdraad; hij maakte bijvoorbeeld een draad vast aan de aanhechtingspunten van de biceps, zodat hij alle toestanden van samentrekking en ontspanning kon nabootsen.

Lezers krijgen er misschien genoeg van om telkens opnieuw de woorden *was nog nooit eerder gedaan* te moeten lezen. Misschien worden ze sceptisch wanneer ze dit refrein te vaak horen zingen. Toch kan het niet vaak genoeg herhaald worden: keer op keer was Leonardo daadwerkelijk de eerste. Daarom was het ook zo doodjammer dat niemand wist wat hij gedaan had, zodat al zijn bevindingen tientallen of honderdtallen jaren later opnieuw ontdekt moesten worden. De wereld van de wetenschap moest wachten op Andreas Vesalius om de studie van het menselijk lichaam radicaal over een andere boeg te gooien. Dat zou echter anders zijn geweest wanneer de grootste anatoom die ooit heeft geleefd, zijn onderzoeksresultaten had gepubliceerd en ze niet alleen maar had gedeeld met mensen die de reikwijdte van zijn werk nooit volledig hebben begrepen.

Aanvankelijk verrichtte Leonardo zijn anatomische studies als schilder. Hij wilde een beter begrip krijgen van vorm en uitdrukking om 'de persoon en zijn geestesgesteldheid' te kunnen schilderen, zoals hijzelf zei. Maar hij kon zijn onverzadigbare nieuwsgierigheid niet onderdrukken. Hij raakte steeds meer geïntrigeerd door wat hij leerde en door wat er nog te leren viel. Langzamerhand kwam hij onder de bekoring van het menselijk lichaam, dat altijd een betoverende uitwerking heeft gehad, al vanaf het moment dat een onbekende oermens voor het eerst aan de grond genageld stond bij de opengesneden buik of borstkas van een stervende vijand en naar de laatste bewegingen van de levende ingewanden keek. Zo was ook Leonardo niet zozeer geïnteresseerd in structuur als wel in beweging, en al snel begaf hij zich op een lange, en uiteindelijk onvoltooide reis om dat verschijnsel te begrijpen.

Leonardo was goed toegerust voor die reis en hij wist wat hij ervoor nodig had. Degene die het ontleedmes ter hand wilde nemen (met wie hij zichzelf bedoelde), waarschuwde hij eerst voor de verschrikkingen die hem te wachten stonden bij het werken met kadavers; daarna ging hij verder met de vaardigheden die voor de taak vereist waren:

> Als je hiervoor niet terugschrikt, mis je misschien het tekentalent dat essentieel is voor dergelijke studies. En als je dat talent wel bezit, weet je misschien te weinig van perspectief of heb je problemen met ruimtelijke weergave en ben je niet in staat de krachten en de sterkte van de spieren te meten; of misschien mis je geduld en doorzettingsvermogen. De honderdtwintig boeken die ik heb samengesteld, zullen een positief of negatief antwoord geven op de vraag of al deze kwaliteiten in mij aanwezig waren of niet. Ik heb me niet laten beperken door geldzucht of nalatigheid; alleen maar door tijd. Gegroet.

Hoewel Leonardo nooit aan zijn geplande honderdtwintig boeken is toegekomen, zijn er aanwijzingen dat hij het voornemen had een traktaat over het menselijk lichaam te publiceren, waarschijnlijk met datzelfde aantal hoofdstukken. In dit opzicht was hij niet beperkt 'door geldzucht of nalatigheid; alleen maar door tijd'.

Leonardo bezat alle kwalificaties die hij nodig achtte voor iemand die het menselijk lichaam wilde bestuderen. Elk van deze eigenschappen was onontbeerlijk als iemand het leven wilde afschilderen zoals het werkelijk was, vorm zoals deze zich werkelijk manifesteerde en actie zoals deze werkelijk plaatsvond. Hij wees erop dat perspectief 'een functie van het oog' was en hij was vastbesloten zoveel mogelijk over dat orgaan en zijn relatie tot menselijk gedrag te weten te komen. Er was nog een tweede reden om het oog te bestuderen, een reden die nauw samenhing met Leonardo's kennisleer. Kennis van het oog is het vertrekpunt voor de reis naar kennis van het leven. Om begrepen te worden moet een ding eerst gezien worden zoals het werkelijk is.

Leonardo's eerste onderzoeksterreinen waren optica, de eigenschappen van licht en de anatomie van het oog en van de hersenen, die de informatie van het oog ontvangen. Aanvankelijk wilde hij alleen maar verklaren hoe afstand en licht de uiterlijke verschijning van een object beïnvloeden, maar al snel begon hij een onderzoek naar de anatomie en fysiologie van het oog. In die tijd dacht men dat visuele waarneming plaatsvond binnen de lens, maar hij kwam erachter dat zien in feite veroorzaakt wordt doordat lichtstralen via de lens op het netvlies samenvallen.

Eigenlijk was dit echter het enige succes dat Leonardo's studie van het oog opleverde. Waarschijnlijk was dit te wijten aan het feit dat hij deze onderzoeken zo vroeg in zijn loopbaan als anatoom uitvoerde. Zijn ervaring in het ontleden was nog niet zo groot als bij zijn latere experimenten. Afgezet tegen de wetenschappelijke kennis uit die tijd waren enkele van zijn vermoedens echter zo gek nog niet. Bij het tekenen van lichtstralen moest hij natuurlijk verklaren waarom de mensen niet alles ondersteboven zien. Zijn oplossing voor dit raadsel was dat er blijkbaar een dubbele omkering plaatsvond, eerst bij de pupil en daarna bij de lens. Hoewel hij later afstand deed van deze stelling, vond hij nooit een verklaring voor de rechtopstaande beelden. Hij zag ook in dat het gebied van gezichtsscherpte heel klein moest zijn (later bleek dat de macula te zijn), maar hij plaatste dat punt ten onrechte op het uiteinde van de oogzenuw.

Hoewel veel anatomische observaties en tekeningen in het *Traktaat over schilderkunst* voorkomen, schijnt Leonardo pas rond 1487, tijdens zijn langdurige verblijf in Milaan, met zijn meer wetenschappelijke studies over het menselijk lichaam te zijn begonnen. Zijn eerste afbeeldingen waren voornamelijk beschrijvend van aard; zij hadden als doel vorm en perspectief te verduidelijken. Een product uit deze periode is een groep erg mooie tekeningen van de schedel. Een daarvan is voorzien van de datum 2 april 1489, de eerste van dergelijke aanduidingen. Diverse andere tekeningen uit ongeveer deze tijd tonen allerlei doorsneden van de schedel waarop de zenuwen, de oogkas en de opening voor de oogzenuw zijn te zien. De begeleidende tekst is, zoals gebruikelijk, kort. De beroemde tekening van de coïtus (zie pagina 147), met al haar fouten, stamt ook uit deze periode, waarschijnlijk uit 1493.

Uit Leonardo's notities en tekeningen blijkt dat hij vrijwel zeker de Italiaanse vertalingen van de werken van Mondino en Avicenna heeft gelezen en misschien nog van andere redacteuren van Galenus. De fouten die hij maakte in zijn eerste anatomische werk, dragen het stempel van hun invloed en van zijn eigen ontledingen van dieren zoals kikkers, honden, varkens, koeien en apen. Hij had nog maar weinig ervaring met menselijk materiaal. O'Malley en Saunders vermoeden dat hij in zijn periode in Milaan alleen maar de beschikking had over een hoofd en misschien een dijbeen en een been. Maar ondanks zijn beperkte materiaal had hij in deze vroege fase van zijn anatomische loopbaan al de methode van de dwarsdoorsnede ontwikkeld. En ondanks zijn beginnersfouten had hij al enorme vooruitgang geboekt ten opzichte van vrijwel alles wat aan hem was voorafgegaan.

Vanaf 1496 plukte Leonardo hoe langer hoe meer de

vruchten van zijn hechte vriendschap met de wiskundige Luca Pacioli, die in dat jaar naar Milaan was gekomen. Als gevolg daarvan ging hij in de tien jaar daarna het menselijk lichaam steeds meer zien als een mechanische constructie. Zijn belangstelling werd steeds minder artistiek van aard. Hij wilde de fysiologische processen proberen te verklaren waardoor het lichaam zijn functies uitoefent. In 1505, op 53-jarige leeftijd, had hij een grondige kennis verworven van de dynamiek van het menselijk lichaam voor zover die van de anatomie afhankelijk was. Zijn onderzoeksterreinen na die tijd kunnen worden verdeeld in vijf categorieën: de spieren en beenderen, de organen in de buikholte, het hart, het zenuwstelsel en de ontwikkeling van de foetus in de baarmoeder.

Met het onderzoek naar het zenuwstelsel was Leonardo al tijdens zijn eerste verblijf in Milaan begonnen omdat hij in die tijd al gefascineerd was door de oorzaken van beweging. Hoewel hij nog zeer sterk beïnvloed werd door mensen als Avicenna en Mondino, traceerde hij het verloop van de perifere zenuwen van de spieren naar hun oorsprong in het ruggenmerg. Ook is hij in die tijd begonnen met zijn langdurige studie van de plexus brachialis, die hij twintig jaar later met succes afsloot toen hij die structuur kon ontleden in het lichaam van de hoogbejaarde man wiens aderverkalking hij zo scherpzinnig had waargenomen. Ergens na 1505 wees hij erop dat de actie van een spier altijd een tegenactie van een andere, nabijgelegen spier oproept. Dit fysiologische verschijnsel werd pas in het begin van de twintigste eeuw opnieuw ontdekt en beschreven door de Nobelprijswinnaar Charles Sherrington. Hoewel hij dit verschijnsel illustreerde aan de hand van een tekening van het spierweefsel bij het heupgewricht, is het duidelijk dat hij dit als een algemeen fenomeen zag.

Leonardo had ook ontdekt dat een scheurwond aan een

ledemaat, bijvoorbeeld de hand, kon leiden tot het verlies van gevoel of beweging, en soms van beide. Hoewel hij het niet precies in die bewoordingen formuleerde, was het duidelijk dat hij had ontdekt dat sommige zenuwen sensorisch, andere motorisch en weer andere beide tegelijk waren. Dit was in feite een herontdekking van een waarneming die al in de vierde eeuw voor Christus door enkele Alexandrijnse artsen was gedaan en die ook bij Galenus bekend was, maar waarvan de waarde niet algemeen werd erkend.

We hebben al even gesproken over Leonardo's hersenonderzoek. Net als veel van zijn voorgangers was Leonardo ervan overtuigd dat de zetel van de ziel – een concept waarin hij heilig geloofde – zich in de hersenen bevond. Dit was een van die onvermijdelijke restanten van een overgeërfd wereldbeeld, waarvan zelfs een onbevooroordeeld denker als Leonardo zich niet wist te bevrijden. Maar hij had ook een heel moderne kijk op de hersenen. Hij beschouwde de hersenen als het uiteindelijke commandocentrum voor alle lichamelijke activiteiten, dat via de zenuwen in contact stond met alle delen van het lichaam. Om de plaats aan te duiden waar volgens hem alle zintuigen bijeen kwamen, gebruikte hij de aloude term *sensorium commune*. Deze term was een aanduiding voor de plek waar men sinds de vierde eeuw van onze jaartelling het verstand lokaliseerde. Zijn ontledingen hadden hem ervan overtuigd – ten onrechte, en onder invloed van de toenmalige vakliteratuur – dat de zenuwen direct of indirect leidden naar een van de hersenholten. Al zijn ideeën over de relatie tussen spieractiviteit en hersenen bracht hij in één systeem onder, dat hij door middel van een analogie beschreef:

De peze en spieren dienen de zenuwen zoals soldaten hun leiders dienen; de zenuwen dienen het sensorium commune zoals leiders hun kapitein; het sensorium commune dient de ziel zoals de kapitein zijn commandant dient. Dus het gewricht gehoorzaamt de pees, de pees de spier, de spier de zenuw, en de zenuw het sensorium commune; het sensorium commune is de zetel van de ziel, het geheugen zijn raadgever, en het vermogen tot zintuiglijke waarneming dient als referentiekader.

Hij was zich er ook van bewust dat bepaalde handelingen van de ledematen en andere lichaamsdelen plaatsvonden zonder tussenkomst van het bewustzijn. Hij moest verklaren 'hoe zenuwen soms werken zonder opdracht van de ziel', en hij deed dat door de 'leiders' een zekere 'autonomie' toe te schrijven, die ze ontwikkelen wanneer ze de 'soldaten' uit gewoonte opdracht voor bepaalde acties geven, zonder orders van de 'kapitein'.

> De functionaris die vaak een door zijn commandant verstrekte opdracht heeft uitgevoerd, zal tegelijkertijd iets doen waartoe de commandant geen opdracht heeft gegeven. Vingers die bijvoorbeeld door het verstand werden gecommandeerd en daardoor in uiterste gehoorzaamheid een lied op een instrument hebben leren spelen, zullen later dat lied spelen zonder tussenkomst van het verstand.

Leonardo spreekt hier over vrijwillige handelingen die we na oefening automatisch en gedachteloos uitvoeren, maar zijn opmerkingen hebben ook betrekking op allerlei al dan niet aangeboren reflexmatige handelingen. In zijn bespreking van het verschijnsel van de reflex, beschrijft hij ook de sensomotorische reflexboog, die hij als een onafhankelijke instantie in het ruggenmerg situeerde.

In zijn onderzoek naar het zenuwstelsel bleef Leonardo dus niet gevrijwaard van oude geneeskundige theorieën en de algemeen geaccepteerde rol van de ziel of de geest; desondanks deed hij observaties en bedacht hij concepten die hun tijd eeuwen vooruit waren. In de vier andere terreinen waarop zijn onderzoek zich richtte, was hij echter veel minder beïnvloed door de heersende traditie in zijn tijd, zoals we in het volgende hoofdstuk zullen zien.

# HOOFDSTUK 8

# De anatomie

## Het hart en andere zaken

'Wat is de mens, wat is het leven, wat is gezondheid?' Dit waren de drie vragen die Leonardo zichzelf stelde. Het zijn van meet af aan de kernthema's geweest in heel zijn onderzoek naar het menselijk lichaam. Zoals altijd was zijn fascinatie voor beweging het pad dat hem naar de antwoorden op deze vragen leidde.

135

Toen hij de plannen voor zijn voorgenomen magnum opus over anatomie ontvouwde, schreef Leonardo: 'Deel het werk zo in dat het boek over de grondbeginselen van de mechanica voorafgaat aan de uitleg over beweging en kracht in de mens en andere dieren. Met behulp van deze beginselen zul je al je stellingen kunnen testen.' Met dit uitgangspunt in gedachten stelde hij zich de botten in armen en benen voor als hefbomen, en de spieren als middel om er kracht op uit te oefenen. Zijn aantekenboeken staan vol met tekeningen die op dit principe zijn gebaseerd, en het vormde de grondslag voor zijn uitgebreide studie op twee terreinen die moderne anatomen myologie en osteologie noemen. Bij al zijn onderzoeken stelde hij zich ten doel de aard van de natuur zo grondig te begrijpen dat hij als intermediair zou kunnen optreden tussen natuur en kunst. Misschien is juist dit het grote geheim van Leonardo: wij weten tegenwoordig waarschijnlijk veel meer over de natuur dan hij, maar hij begreep haar karakter beter dan wij ooit zullen doen.

De spier die Leonardo het meest fascineerde, was een spier die Galenus niet eens als zodanig had erkend: het hart. De oude Griekse monarch der heelkunde vond het gedrag van het hart zo afwijkend dat hij dacht dat het orgaan uit een uniek soort weefsel bestond. Dertien eeuwen lang werd deze veronderstelling kritiekloos aanvaard, totdat Leonardo haar weerlegde. Hij toonde bovendien aan dat deze spier, net als alle andere spieren, voor zijn functioneren afhankelijk was van activering en bloedvaten. 'Het hart is een vat van dik spierweefsel, dat geactiveerd en gevoed wordt door slagaderen en aderen, net als andere spieren', schreef hij. Vervolgens ontleedde hij de kransslagaderen, tekende hoe ze ontsprongen aan de basis van de aorta, de grote ader die omhoogkomt uit de linker hartkamer. Hij identificeerde niet alleen de kransslagaderen, maar ook de drie kleine uitstulpingen aan het begin van de aorta, gelegen boven de drie slippen van de hartklep die de aorta scheidt van de linker hartkamer. Tweehonderd jaar later kreeg dit trio uitstulpinkjes de naam 'holten van Valsalva', naar de Italiaans anatoom die ze 'ontdekte' in het begin van de achttiende eeuw.

Leonardo ontwikkelde ook een afwijkende theorie over de rol die het hart speelde in de opwekking van de 'natuurlijke of animale lichaamswarmte', zoals men dit verschijnsel van oudsher noemde. Men dacht dat de bron ervan een soort geestelijke energie was die uit de linker hartkamer kwam. In de mechanistische denktrant van Leonardo was geen plaats voor zo'n niet-materiële verklaring, maar het idee van de natuurlijke lichaamswarmte was een van die traditionele veronderstellingen die Leonardo blijkbaar niet kon verwerpen. Hij ging weliswaar mee met de contemporaine opvattingen dat die warmte bestond en dat ze in het hart werd opgewekt, maar nam afstand van Galenus en zijn volgelingen door te beweren dat die warmte ontstond door de wrijving van bloed dat door de kleppen en hartkamers circuleerde. Ter ondersteuning van zijn bewering wees hij op het verschijnsel dat het hart sneller klopt wanneer een patiënt koorts heeft. Leonardo spande het paard echter achter de wagen. Hij dacht dat de toename van het aantal contracties automatisch de beweging en de wrijving opvoerde en zodoende verantwoordelijk was voor de stijging van de lichaamstemperatuur. We weten nu dat lichaamswarmte het resultaat is van ontelbare chemische reacties die ieder moment van ons leven in ons lichaam plaatsvinden (gereguleerd door een temperatuurcentrum in de hersenen). Maar een dergelijke opvatting lag buiten het bereik van Leonardo, vooral doordat de scheikunde in die tijd het niveau van de alchemie nog niet was ontstegen. Sommige technologische ontwikkelingen lagen nog zo ver in de toekomst dat zelfs het creatieve genie van Leonardo ze onmogelijk kon voorzien.

Wat betreft de werking van het hart waren er wel meer punten waarin Leonardo afweek van de traditionele opvattingen. De gezaghebbende leermeesters doceerden dat het hart bestond uit twee hartkamers waarin het bloed respectievelijk vanuit het lichaam en vanuit de longen terugkeerde. Men dacht dat deze afgedekt waren door kleine aanhangsels om een eventueel overschot aan bloed en ingeademde lucht dat in het systeem zou zitten, op te vangen. Leonardo toonde aan dat het hart niet twee maar vier kamers heeft: een rechter en een linker hartkamer (de ventrikels), en daarboven een rechter en een linker boezem (de atria), die het terugkerende bloed opvangen. Hij ontdekte ook de papillairspieren, bandachtige structuren in de onderste hartkamers, vanwaaruit dunne peesdraden (chordae tendinae genaamd, ook zijn ontdekking) naar boven lopen naar de slippen van de hartkleppen om mede hun beweging te controleren. Hij meende dat de contractie van de door hem ontdekte hartboezems het bloed naar de hartkamers pompte, wat grotendeels correct is. Maar hij geloofde ook dat de hartkamers op hun beurt bloed terug omhoogstuwden voordat ze afgesloten werden en dat de daaruit resulterende turbulentie de vloeistof opwarmde voordat deze via de slagaderen en aderen over het lichaam werd verdeeld.

Wat betreft deze verdeling accepteerde Leonardo de leer van Galenus dat het bloed via de slagaderen en de aderen naar de periferie werd getransporteerd waar het als voeding diende voor de weefsels, zodat het voortdurend moest worden aangevuld. Leonardo was in dit opzicht nog steeds een kind van zijn tijd: het verschijnsel van de bloedsomloop, in 1628 door William Harvey ontdekt, is hem volkomen ontgaan.

Een van de bekendste waarnemingen van Leonardo betreft de samentrekking van de hartkamers. In Toscane was het gebruikelijk om varkens bij het slachten op de rug te gooien en ze aan een plank vast te binden; vervolgens dreef men dwars door de borstkas een soort boor in hun hart, zodat ze snel doodbloedden. Omdat de varkens nog een paar hartslagen in leven bleven, kreeg Leonardo de gelegenheid de beweging van de hartkamers te bestuderen. Hij maakte zorgvuldige aantekeningen van de kloppende bewegingen van het uitstekende handvat van de boor en trok daaruit de correcte conclusie dat de hartkamers krimpen tijds de samentrekking, zoals te verwachten was bij een spier. Voor zover we weten, was Leonardo de eerste die dit ontdekte. Bovendien kon hij tot zijn eigen genoegen bewijzen dat de polsslag die tegelijkertijd in de slagaderen kan worden gevoeld, door diezelfde samentrekking van de hartkamer ontstaat. In tegenstelling tot zijn tijdgenoten begreep Leonardo dat de polsslag, de samentrekking van de hartkamers, de hartklop tegen de borstkas en het pompen van het bloed in de aorta gelijktijdige gebeurtenissen zijn. Een interessante aantekening hierbij is dat de methode om hartbewegingen te observeren door een metalen sonde in de borstkas te drijven, aan het einde van de negentiende eeuw opnieuw is uitgevonden en door diverse eminente Engelse en Duitse cardiologen met veel succes is toegepast.

Twee van Leonardo's inzichten in de anatomie en fysiologie van het hart zijn werkelijk verbijsterend. Het eerste heeft te maken met de functie van de holten van Valsalva. Zeker tot aan het begin van de twintigste eeuw namen alle cardiologen aan dat de klep tussen het hart en de aorta (de aortaklep) een passieve werking kende, zoals een gewone waterpomp: wanneer het hart samentrekt, pompt het het bloed naar buiten en duwt de klep open, zodat het bloed de aorta kan worden ingestuwd; wanneer het hart ontspant en de druk afneemt, wordt de klep van bovenaf dicht geduwd door de massa van het bloed in de aorta. Dit leek een simpele uitleg van de hydraulische werking van het systeem: een toonbeeld van eenvoud.

Maar in 1912 bleek de werking niet zo eenvoudig als altijd was gedacht. Onderzoek wees uit dat het sluiten van de klep enigszins geleidelijk verliep en dus niet door een plotselinge verandering van druk kon worden verklaard. Er gingen nog enkele tientallen jaren voorbij voordat de onderzoekstechnieken zo ver ontwikkeld waren dat de details goed bestudeerd en zelfs gevisualiseerd konden worden. In de jaren zestig van de vorige eeuw was het eindelijk mogelijk met behulp van kleurstoffen en cineradiografische methoden een uiterst nauwkeurige studie te maken van de stroompatronen. Het bleek dat een deel van het bloed dat in de aorta wordt gepompt, in de drie uitstulpende plooitjes aan het begin van de hoofdslagader (de holten van Valsalva) terechtkomt. Daar ontstaan draaikolkjes die druk uitoefenen op de bovenkant van de klep, waardoor deze begint te sluiten voordat de samentrekking van de hartkamer geheel voltooid is. Deze ontdekking had niet gedaan kunnen worden zonder de nieuwe onderzoeksmethoden.

Althans dat dacht men. Leonardo da Vinci had dit verschijnsel echter al in het begin van de zestiende eeuw aangetoond. Hij maakte eerst een glazen model van de aorta, compleet met de holten van Valsalva en een klep van een os of een varken. Om de anatomische situatie bij de mens na te bootsen verbond hij vervolgens het model met een met water gevuld ossenhart. Leonardo beschrijft de ingenieuze methode die hij gebruikte als alternatief voor de röntgentechnieken die pas vierhonderdvijftig jaar later beschikbaar kwamen. 'Voeg gierst of snippers papyrus aan het water toe, zodat de beweging van het water beter te volgen is.' Zowel de tekst als de tekeningen tonen het correcte mechanisme van het openen en sluiten van de drie slippen waaruit de aortaklep bestaat, inclusief het feit dat het afsluiten begint onder invloed van de draaikolkjes die ontstaan in de holten van Valsalva. Hij demonstreerde herhaaldelijk dat de afsluiting geleidelijk verloopt. Leonardo observeerde dus hetzelfde verschijnsel en trok dezelfde conclusies als enkele groepen wetenschappers die in 1969 een reeks onderzoeken startten. Het enige wat hij deed, was het gewervel van stukjes zaad of papier in stromend water bekijken. Deze studie is misschien wel Leonardo's meest verbijsterende prestatie, en de verbijstering wordt er niet minder op wanneer we bedenken dat hij deze experimenten uitvoerde toen hij de zestig al was gepasseerd.

Zijn tweede verbazingwekkende inzicht is meer een kwestie van intuïtie geweest dan het resultaat van gericht onderzoek. Nadat hij het lichaam van de plotseling overleden, hoogbejaarde man had ontleed, dacht Leonardo na over de dichtgeslibde en pijnlijke slagaderen die hij in het lijk aantrof. Hij vergeleek deze met de soepele, wijd geopende bloedvaten van een tweejarig kind dat hij ook in die tijd onderzocht en vroeg zich af: 'Waarom worden de bloedvaten van de oude man zo lang? Waarom lopen ze in bochten ter-

wijl ze eerst recht liepen? Waarom wordt de wand van de
aderen zo dik dat ze verstopt raken en er geen bloed meer
doorheen kan, zodat de oude man sterft?' Hij kwam, zoals
zo vaak, met een zeer modern antwoord: hij vermoedde dat
de bloedvaten vernauwden doordat ze te veel voedsel aan
het bloed onttrokken. Hij sprak deze gedachte uit in een tijd
waarin het idee van cholesterol en het hele arsenaal van ziekten die samenhangen met onze ongezonde moderne wester-
se eetgewoonten, nog ver achter de horizon lagen. Pas in de
tweede helft van de twintigste eeuw begonnen onderzoekers zich te concentreren op de oorzaken van aderverkalking en zich te realiseren dat Leonardo het vierhonderdvijftig jaar eerder al juist had gezien.

We weten niet of Leonardo's opmerking dat het hart precies halverwege de hersenen en de testikels lag, een bepaalde
filosofische bijbetekenis had. Het is echter wél zeker dat hij
lang, diep en vaak nadacht over de vraag of de hartslag automatisch verloopt of dat hij door een zenuw wordt geactiveerd, misschien door de nervus vagus, waarvan hij het hele
traject van de hersenen naar het aanhechtingspunt aan het
hart had getraceerd. De ene keer zei hij over het hart: 'Het
klopt uit zichzelf en stopt pas bij de dood', maar later lijkt hij
een andere mening toegedaan. In een later toegevoegde aantekening herinnert hij zichzelf eraan dat hij moet onderzoeken of de prikkel misschien via een zenuw wordt gegeven.
Het is niet zo verbazingwekkend dat hij het probleem nooit
heeft weten op te lossen. Pas vlak na 1890 ontdekten Engelse onderzoekers na een reeks experimenten het bewijs voor
de zogenoemde myogenische theorie: de hartslag wordt opgewekt door een geheel eigen systeem.
    Zijn onderzoek aan het hart voerde Leonardo vooral tus-
sen 1508 en 1515 uit, maar zijn studie van beenderen en
spieren hield hem van zijn eerste tot en met zijn laatste aan-

tekenboek bezig. We vinden de resultaten ervan terug in het *Traktaat over schilderkunst* en in de manuscripten van Windsor Castle. De tekeningen van deze structuren illustreren bij uitstek de methode waarmee hij het lichaam en zijn bewegingen probeerde te begrijpen. Hij wilde niet alleen ieder lichaamsdeel vanuit verschillende hoeken vastleggen, maar ook elk deel afzonderlijk weergeven, ontdaan van het omringende weefsel. Soms toonde hij juist weer een beetje van het aangrenzende materiaal om inzicht te verschaffen in de onderlinge relaties. In alle gevallen herhaalde hij de secties net zo vaak totdat hij een volledig beeld kon geven van de anatomie en werking van een structuur. Kadavers en de mogelijkheden om ze te ontleden waren schaarser dan hij misschien wilde; hij was beperkt tot wat voor handen was. Aangezien het uiteraard eenvoudiger was een afzonderlijke arm of een afzonderlijk been te verkrijgen, kon hij bij de ledematen zijn doelstellingen beter verwezenlijken dan bij andere delen van het lichaam. In de volgende passage antwoordt hij op een denkbeeldige criticus die misschien liever naar een werkelijke ontleding kijkt dan naar tekeningen. Bij het lezen van deze woorden moeten we ons in herinnering brengen hoe Vesalius de practica beschreef die aan de universiteiten plaatsvonden.

Als u van mening bent dat het beter is een ontleding bij te wonen dan deze tekeningen te zien, zou u gelijk hebben wanneer het mogelijk was in één lichaam alles te zien wat op deze tekeningen te zien valt. Maar hoe getalenteerd u ook bent, in één lichaam zult u slechts een paar aderen kunnen bestuderen. Meer dan tien lichamen heb ik moeten opensnijden om me dit onderwerp eigen te maken. Ik heb daarbij al het andere weefsel om deze aderen verwijderd, en zelfs de kleinste stukjes vlees weggehaald zonder een bloeding te veroorzaken, met uitzondering van een verwaarloosbare bloeding uit de haarvaatjes.[1] Aan één lichaam had ik niet genoeg, zodat ik mijn onderzoek moest voortzetten bij andere lichamen, totdat mijn kennis compleet was. Deze hele procedure heb ik tweemaal uitgevoerd om de variaties te bestuderen.

Leonardo's uiteindelijke doel was om de mechanische principes te ontrafelen die ten grondslag liggen aan de werking van het menselijk lichaam. Spieren en botten vormden daarom het meest logische en productieve onderzoeksterrein. Leonardo ging ervan uit dat de bewegingen van het lichaam door het hefboomprincipe werden bepaald: het lichaam probeert voortdurend het evenwicht rond een middelpunt te bewaren. Hij analyseerde de verstoringen in het evenwicht die zich voordoen in allerlei vormen van beweging en in verschillende rusttoestanden en probeerde de krachtlijnen te bepalen die een rol spelen bij het herstellen van de stabiliteit. Het viel hem op dat de tegenactie van een spiergroep als reactie op de actie van een andere groep een belangrijke factor vormde bij het bewaren van een lichaamshouding. Naarmate zijn wetenschappelijke belangstelling groter werd, vooral na 1508, concentreerde hij zich op het bewegingsmechanisme in de afzonderlijke ledematen en hun delen.

Leonardo vertelde zijn verhaal via de tekeningen. Hij tekende bijvoorbeeld eerst een bepaald bot; daarna tekende hij hetzelfde bot, maar nu omgeven door een of meer spieren; vervolgens weer hetzelfde bot, maar nu in relatie met

---

1 Vanwege hun microscopisch kleine afmetingen waren de bloedvaten die wij tegenwoordig haarvaten of capillairen noemen, toentertijd onbekend. Leonardo was de eerste schrijver die het woord gebruikte om naar bloedvaten te verwijzen die zo klein zijn dat ze met het blote oog niet kunnen worden gezien.

het gewricht waarvan het deel uitmaakt. Of hij maakte een tekening van een pees die op zo'n manier is doorgesneden dat de erachter liggende structuur zichtbaar is; andere spieren zijn misschien toegevoegd; het ledemaat beweegt op allerlei manieren en de bijbehorende krachtlijnen zijn erin getekend. Of een structuur wordt afgebeeld vanuit verschillende hoeken en in verschillende posities. De begeleidende tekst is karig en soms volkomen afwezig. De tekeningen vertellen het verhaal.

Leonardo was in het bijzonder geïntrigeerd door de beweging waarmee de handpalm naar boven en naar beneden kan worden gedraaid. Tot zijn verrassing kwam hij erachter dat de biceps niet alleen de elleboog buigt, maar ook helpt de handpalm naar boven te draaien door de top van de kleinste van de twee botten van de onderarm, het spaakbeen, te roteren. Hij zag dat de onderarm korter wordt wanneer de handpalm naar beneden wordt gedraaid, omdat het spaakbeen en de ellepijp over elkaar heen kruisen. Hij maakte als eerste nauwkeurige tekeningen van de botten van de hand en vergeleek die met de handen van apen en de vleugels van vleermuizen en vogels. Zijn belangstelling voor vergelijkende anatomie blijkt ook uit tekeningen waarin hij de overeenkomsten weergeeft tussen de onderste ledematen van de mens, het paard en de beer. Andere primeurs in de studie van het skelet waren de ontdekking van de dubbele ruggengraatsverkromming, de schuine stand van het bekken en het juiste aantal wervels. Bovendien tekende hij voor het eerst de delen van een gewricht met enige tussenruimte ertussen, zodat hun relatie duidelijker wordt.

In zijn studie naar het spijsverteringsmechanisme was Leonardo beduidend minder baanbrekend dan in zijn onderzoeken naar het hart en de spieren en beenderen. Desondanks stelde hij als eerste de juiste relatie tussen de dikke en de dunne darm vast. Door was in de vaten te injecteren maakte hij ook uiterst nauwkeurige tekeningen van de slag-aderen van de lever, galwegen, milt en maag en van bepaalde aderen van deze organen. Hij schijnt vooral geïnteresseerd te zijn geweest in sluitspieren, of *portinarii* (poortwachters) zoals hij ze zelf noemde, en met name de anale sluitspier. Leonardo was vastbesloten het ingewikkelde mechanisme van de anale contractie te verklaren. Hij identificeerde vijf spieren rond de opening, die volgens hem samenwerkten om het kanaal te sluiten en de huid eromheen te plooien. Hoewel hij zich vergiste in het aantal spieren en hun wer-king, was zijn algemene beeld in principe correct; dit was des te opmerkelijker omdat tot die tijd zich nog nooit ie-mand met dit moeilijke probleem had beziggehouden. Hij was in ieder geval niet verder van de waarheid verwijderd dan andere anatomen tot aan het midden van de twintigste eeuw.

Uit respect voor het leven weigerde Leonardo vivisectie op dieren uit te voeren; hij was zelfs vegetariër om dezelfde reden. (In één geval heeft hij zich overigens wel gewaagd aan een experiment op een levend dier. Hij heeft eens het rug-genmerg van een kikker doorgesneden om te bestuderen hoe het beest zou reageren op prikkels wanneer het afgesne-den was van de neurologische structuren in zijn kop.) Daar-door heeft hij nooit de peristaltiek bestudeerd en hij schijnt het verschijnsel zelfs niet te hebben gekend. Gezien zijn fas-cinatie voor beweging zou hij ongetwijfeld een hoop te mel-den hebben gehad over de golvende deining waarmee de in-gewanden hun lading voortstuwen totdat de aanwezige voe-dingstoffen zijn opgenomen en het onbruikbare restpro-duct is geloosd. Omdat hij geen verklaring kon geven voor het transport van het verterende voedsel in de darmkanalen, schreef hij dat toe aan de voortstuwende kracht van gassen en de activiteit van de buikspieren en het middenrif. Hij kende de spieren in de maagwand wel, maar dacht dat ze waren bedoeld om scheuren te voorkomen wanneer de druk van het gas te groot werd. Om te verklaren hoe het kwam dat materiaal slechts in één richting zijn weg door het spijsverteringskanaal zocht, deed hij een beroep op de knikken, kronkels en bochten in de dunne en de dikke darm, die zouden werken als een soort kleppen waardoor de weg terug voor het materiaal werd afgesloten. Tot zijn verdediging moeten we aanvoeren dat met name de ingewanden bijzonder snel vergaan, en misschien was dit wel de reden dat hij ze niet met zijn gebruikelijke accuratesse heeft kunnen bestuderen. Zelfs de grote Leonardo moet een punt hebben gehad waarop hij zich gewonnen gaf aan de natuurlijke weerzin waarvoor hij toekomstige anatomen waarschuwde.

Leonardo heeft echter wel correct beschreven hoe de slikbeweging in zijn werk gaat en hoe het transport van het voedsel verloopt wanneer het de luchtpijp omzeilt en de slokdarm binnen glijdt. Hij deed nog een andere ontdekking die al zijn voorgangers was ontgaan: hij kende de appendix en maakte er een duidelijke tekening van. De functie van dit lichaamsdeel is nog steeds grotendeels een mysterie, zodat het niet verwonderlijk is dat Leonardo zich op dit punt vergiste. Hij vermoedde dat het een soort reservoir was, dat kon uitzetten om de gasdruk in de karteldarm te verminderen.

In deze periode vlak voor de grote wetenschappelijke ontdekkingen was er geen groter en ontzagwekkender mysterie dan het mysterie van conceptie en geboorte. Leonardo zelf lijkt iedere openlijke uiting van zijn seksualiteit te hebben onderdrukt of verdrongen, en zijn hele leven moet misschien wel worden uitgelegd als een voortdurende zoektocht naar zijn geïdealiseerde moeder in wier liefde hij zich als kind had gekoesterd. Het is dan ook niet zo vreemd dat de nieuwsgierigheid over elke fase van de voortplanting, van wellust tot wieg, hem tot grote prestaties heeft aangezet.

De tekening van de coïtus

Leonardo sprak in onmiskenbare bewoordingen over de walging die hem trof wanneer hij zelfs maar aan de coïtus dacht. In zijn taal klinken echter de tegenstrijdige gevoelens door die verwacht mogen worden bij iemand die zijn seksualiteit onderdrukt: 'De voortplantingsdaad en de lichaamsdelen die daarbij betrokken zijn, zijn zo weerzinwekkend dat de natuur de menselijke soort al lang had opgegeven als de gezichten niet zo mooi, de partners niet zo aantrekkelijk en de seksuele impuls niet zo vanzelfsprekend waren.' Ondanks zijn openlijk betoonde afkeer voelde hij zich toch ook aangetrokken tot deze activiteit. Zijn beteugelde hartstochten drukte hij uit op een manier die moderne psychologen zonder meer als sublimatie zouden betitelen. In het geval van de beroemde tekening van de coïtus gaat Leonardo daarin zo ver dat Kenneth Clark spreekt over 'de vreemde afstandelijkheid... waarmee hij dit cruciale moment in een gewoon mensenleven beschouwde'. Velen zullen het daarmee eens zijn, maar anderen zien in deze tekening weinig sublimatie en vooral veel wellust. De afbeelding doet zelfs een beetje denken aan tekeningen die besmuikte pubers giechelend door de klas laten gaan. Precies vanwege deze tegenstrijdigheid slaagt niemand erin, ook ik niet, een sluitende analyse van Leonardo da Vinci's leven en karakter te geven te geven. Hoe overtuigend het bewijs voor deze of gene hypothese ook lijkt, er is altijd ook bewijs voor het tegendeel te vinden. In de periode dat hij samenwerkte met Marcantonio della Torre, schreef Leonardo dat het grote geplande werk over anatomie ook een uitputtende beschrijving zou bevatten van elke fase van het voortplantingsproces.

Dit werk moet beginnen met de conceptie van de mens en een beschrijving bevatten van de baarmoeder en de foetus: hoe de foetus leeft, tot welk stadium hij in de baarmoeder blijft, hoe hij tot leven komt en hoe hij wordt gevoed. Ook de groei van de foetus en de intervallen tussen de verschillende stadia van groei. Wat zorgt ervoor dat hij het lichaam van de moeder verlaat en waarom komt hij soms voortijdig uit de baarmoeder? Daarna beschrijf ik welke ledematen na de geboorte sneller groeien dan andere en bepaal ik de lichaamsverhoudingen van een jongen van één jaar. Daarna beschrijf ik de volwassen man en vrouw en hun uiterlijk, huidskleur en fysionomie. Dan hoe ze bestaan uit aderen, pezen, spieren en botten... En maak drie [perspectieftekeningen] voor de vrouw, die veel raadsels kent vanwege de baarmoeder en de foetus.

Dit is meer dan een plan. Dit is een manifest. In deze stoutmoedige verklaring herkennen we Leonardo's ontwerp voor een complete studie van 'wat de mens is, wat het leven is, wat gezondheid is'. In deze stoutmoedige verklaring staan ook bepaalde problemen vermeld waarmee de huidige onderzoekers nog steeds worstelen. Het ongrijpbaarste probleem is wel de vraag: 'Wat zorgt ervoor dat [de foetus] het lichaam van de moeder verlaat?' Maar voordat hij zijn ultieme doelstelling vastlegde, was Leonardo al aan zijn ontdekkingstocht begonnen, zoals blijkt uit het *Traktaat over schilderkunst* en andere vroegere geschriften.

Enkele resultaten van die vroegste onderzoeken zijn de bekende tekening van de coïtus en enkele andere schetsen die ermee samenhangen. Toen de vier desbetreffende manuscriptpagina's ontstonden, verkeerde Leonardo nog sterk onder de invloed van de door Avicenna en Mondino geïnterpreteerde theorieën van bijvoorbeeld Aristoteles en in het bijzonder Galenus. De coïtustekening is zelfs voor een groot deel in overeenstemming met de opvattingen die Plato in zijn *Timaeus* ventileert. De talrijke fouten die in de afbeeldingen voorkomen, zijn terug te voeren op deze bronnen. Kenneth Keele zegt over de tekening van de coïtus: 'Dit is een van Leonardo's bekendste tekeningen, maar anatomisch gezien ook een van zijn slechtste.'

De tekening zelf stamt waarschijnlijk van rond 1497 en is dus gemaakt voordat Leonardo de gedetailleerde aanpak hanteerde die zijn latere werk zo typeert. Het is een dwarsdoorsnede in zijaanzicht van een paar dat geslachtsgemeenschap heeft. De penis van de man dringt in de eerste schetsen zo diep bij de partner naar binnen dat hij de baarmoeder penetreert, hoewel hij in de laatste versies alleen maar tegen de baarmoederhals drukt. Er bevinden zich twee kanalen in het gezwollen orgaan, een urinebuis en een kanaal dat verbonden is met een bron in het ruggenmerg, in overeenstemming met het toenmalige (en antieke) geloof dat sperma daar en in het bloed werd geproduceerd. Daarom is er ook een vat getekend dat rechtstreeks van het hart naar de testikel loopt. De baarmoeder lijkt in segmenten opgedeeld, in overeenstemming met de Griekse opvatting dat deze zeven kamers had, een inzicht waarvan Leonardo later inzag dat het fout was. Een detail in de tekening dat veel door geschiedschrijvers van de embryologie is besproken, is een bloedvat dat de baarmoeder met de tepel verbindt. In deze vroege fase van zijn onderzoek accepteerde Leonardo nog de oude leerstelling dat het menstruatiebloed, dat tijdens de zwangerschap en de periode van borstvoeding niet vloeit, wordt bewaard, omhoogstroomt en omgezet wordt in melk om de zuigeling te voeden.

De toenmalige theorie beschreef dat de erectie van de penis totstandkomt onder druk van lucht binnen het orgaanweefsel. Leonardo wist beter: 'Wanneer het mannelijk lid hard is, is het dik en lang, stevig en zwaar; wanneer het slap is, is het dun, kort en zacht, dat wil zeggen krachteloos en zwak. Dit moet niet worden toegeschreven aan extra vlees of lucht, maar aan slagaderlijk bloed... We zien dat een gezwollen penis een rode kop heeft, wat een teken is van de aanwezigheid van veel bloed; wanneer de penis slap is, ziet de kop er bleek uit.' Dat de gezwollen penis ook tot penetratie in staat is wanneer hij weerstand ondervindt, kwam volgens Leonardo doordat de penis tegen het schaambeen drukt. 'Zonder dit bot zou een penis die weerstand ondervindt, naar achteren worden gedrukt en meer in het lichaam van de actieve partij verdwijnen dan in het lichaam van de passieve partij.'

Leonardo's spreekt in zijn overpeinzingen over de penis ook over de wenselijkheid dit orgaan in het openbaar te tonen, wat in ferme tegenspraak lijkt met de weerzin die hij eerder tot uitdrukking heeft gebracht.

Over de penis: Deze handelt soms in overeenstemming met de vrije wil van de man en heeft soms een eigen vrije wil. Hoewel de man hem tot actie wenst aan te sporen, blijft hij dan koppig en doet zijn eigen zin: hij beweegt soms uit zichzelf zonder bewuste toestemming van de man. En of de man nu slaapt of wakker is, de penis gaat zijn eigen gang. Vaak slaapt de man terwijl de penis wakker is, en vaak is de man wakker terwijl de penis slaapt. Vaak wil de man dat de penis zijn werk doet, maar wil de penis dat niet; vaak wil de penis wel, maar verbiedt de man het. Het lijkt dus dat dit wezen dikwijls een zelfstandig leven leidt en een eigen denkvermogen bezit, los van de man. Een man hoeft zich er eigenlijk dan ook niet voor te schamen zijn penis een naam te geven of hem openlijk te laten zien. Hij moet niet heimelijk verbergen wat hij eigenlijk als een dienaar in zijn volle glorie tentoon moet spreiden.

Met andere woorden, de juiste houding ten opzichte van de penis is trots. De conclusie dringt zich op dat Leonardo zijn weerzin reserveert voor de vrouwelijke geslachtsorganen, wat weinig verbazing wekt gezien onze vermoedens over Leonardo's seksualiteit. Maar de dingen zijn nooit zo simpel als ze lijken, vooral wanneer men het innerlijk leven van zo'n complex individu probeert te begrijpen. Laten we hier nogmaals herinneren aan Paters observatie over Leonardo's gespletenheid: 'Voorbeelden van uiterste schoonheid en uiterste gruwel smolten in de geest van deze begaafde jongeman samen tot een zichtbaar en tastbaar beeld... De verfijnde schoonheid ervan is geheel en al doordrenkt met wat betiteld kan worden als de fascinatie voor verval.' Leonardo kon deze gespletenheid – van uiterste schoonheid en uiterste weerzin – niet beter tot uitdrukking brengen dan in zijn onderzoeken naar anatomie en voortplanting, vooral gezien de tijd waarin hij leefde.

In tegenstelling tot de vrij grove coïtustekening is de veel latere tekening van een vijf maanden oude foetus in de baarmoeder een prachtige afbeelding, of zoals een befaamde kunsthistoricus uit Oxford onlangs opmerkte: 'een wonder van sensibiliteit'. Het is een artistiek meesterwerk en, gezien de geringe embryologische kennis in die tijd, ook een wetenschappelijk meesterwerk. Het vereist een enorme vaardigheid in ontleden, observeren en interpreteren om in te zien dat er geen directe verbinding bestaat tussen de bloedvaten van moeder en kind in de placenta. Het moet een enorme verrassing voor William Hunter zijn geweest toen hij in 1784 de manuscripten onder ogen kreeg die al honderdvijftig jaar in een afgesloten kist hadden gezeten. Hij trof daar tekeningen aan die precies de vasculaire anatomie van de placenta lieten zien die hij op dat moment via experimenten probeerde vast te stellen. Hij was ongetwijfeld ook geschokt toen hij zich realiseerde dat een 'ongeletterde' kunstenaar zonder ook maar de geringste medische training hem driehonderd jaar geleden voor was geweest.

Behalve zijn formele opleiding en de schat aan ontdekkin-

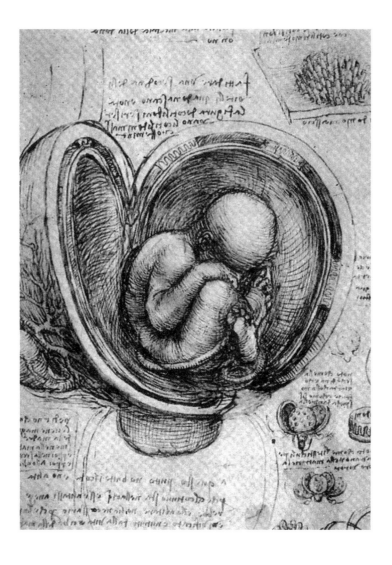

Leonardo's tekening van een vijf maanden oude foetus
in de baarmoeder

gen die in de tussenliggende eeuwen waren gedaan, bezat Hunter nog een ander groot voordeel ten opzichte van Leonardo, namelijk de ruime beschikbaarheid van menselijke lichamen om ontledingen op te verrichten. Hoewel Leonardo op het einde van zijn leven hoogstwaarschijnlijk wel een foetus heeft geprepareerd, deed hij zijn embryologische kennis hoofdzakelijk op via ontledingen van koeien, schapen en ossen. Desondanks liet hij zien dat hij een goed begrip had van de vliezen die de foetus omgeven en introduceerde hij de techniek om de structuur daarvan in tekeningen af te beelden door de opeenvolgende lagen één voor één weg te halen.

In die tijd gingen de meeste geleerden ervan uit dat alle erfelijke eigenschappen van de vader afkomstig waren, hoewel sommigen meenden dat ze via de moeder werden overgeërfd. Beide partijen vonden elkaar wel in het standpunt dat ieder mens gedetermineerd was in het zaad van een van de ouders. Leonardo stelde ondubbelzinnig: 'Het zaad van de moeder heeft evenveel invloed op het embryo als het zaad van de vader.' Zijn bewering dat de testikels en eierstokken een gelijkwaardige functie hebben en een gelijkwaardige bijdrage leveren aan het nageslacht staafde hij door aan te tonen dat ze beide dezelfde bloedvoorziening hebben. In zijn coïtustekening volgde Leonardo nog de Griekse opvatting dat de zaadcellen in het ruggenmerg ontstonden. Later concludeerde hij terecht dat het sperma in de testikels wordt aangemaakt en vervolgens in een reservoir, de zaadblaasjes, wordt bewaard tot aan de ejaculatie. Ook liet hij zien hoe de kanalen die het zaad vervoeren, in de urinebuis uitkomen. Een andere antieke opvatting die hij liet varen, was dat de baarmoeder zeven kamers bevatte; zijn ontledingen hadden uitgewezen dat er slechts één kamer was.

Leonardo wilde niet alleen maar kwalitatieve waarnemingen doen over de foetus in ontwikkeling. Zoals altijd verrichtte hij metingen wanneer hij kon; hij legde het groei-tempo van het kind vast, niet alleen in de baarmoeder, maar ook na de bevalling. Deze procedure, die eeuwen later stan-daardprocedure zou worden, werd door hem als eerste ge-volgd. Mede door deze aanpak en zijn grondige manier van onderzoeken noemde Joseph Needham, de bekendste ge-schiedschrijver op dit terrein, Leonardo 'de vader van de embryologie als exacte wetenschap'.

In een biografie die geen technisch taalgebruik mag bevat-ten en niet te lang mag worden, is het moeilijk de grootsheid en vooral de diepgang van Leonardo's prestaties op het ge-bied van de anatomie te beschrijven. Zijn ontledingen waren ongekend accuraat, en zijn waarnemingen minutieus gede-tailleerd. Alleen een specialist op dit terrein kan ten volle de reikwijdte van zijn inzichten op waarde schatten. Er zijn grote boeken geschreven over Leonardo als anatoom, en het laatste is beslist nog niet verschenen. Uiteraard zijn er schrijvers die graag ieder voorbeeld opsommen waarin Leo-nardo zich vergiste vanwege zijn – allengs afnemend – ver-trouwen in antieke autoriteiten, maar het is bij ieder boek toch ook weer overweldigend om te lezen hoe zo'n man in zo'n tijdperk zo goed de werking van het complexe mecha-nisme van het menselijk lichaam heeft begrepen.

In het begin van de twintigste eeuw maakte de Noorse medisch historicus H. Hopstock een lijst met Leonardo's prestaties op het gebied van de anatomie. In geen van mijn andere bronnen heb ik een zo volledig overzicht aangetrof-fen. In zijn monografie van 1921 zegt hij:

Voor zover bekend heeft niemand voor hem zoveel anato-mische preparaten van menselijke lichamen gemaakt, en was niemand zo goed in staat waarnemingen te interprete-ren. Zijn uiteenzetting over de baarmoeder was ongeëve-naard in haar accuratesse en begrijpelijkheid. Hij heeft als eerste een juiste beschrijving van het menselijk skelet gegeven; van de romp, de schedel en zijn diverse bijholten, de botten van de ledematen, de wervelkolom, de juiste positie van het bekken en de bijbehorende krommingen van de wervelkolom. Hij was de eerste die een juist beeld gaf van vrijwel alle spieren van het menselijk lichaam.

Niemand had de zenuwen en bloedvaten ook maar bij benadering zo correct getekend als hij, en waarschijnlijk gebruikte hij als eerste afgietsels bij zijn onderzoek van de bloedvaten. Niemand van zijn voorgangers gaf zo'n deskundige beschrijving van het hart.

Hij maakte als eerste afgietsels van de hersenholten. Hij verrichtte als eerste opeenvolgende ontledingen in serie. Niemand voor hem en vrijwel niemand na hem heeft zo'n prachtige beschrijving gegeven van de plastische kenmerken van het menselijk lichaam. Bovendien had niemand ooit de schat aan anatomische details getoond die hij heeft waargenomen of zulke correcte informatie gegeven over topografische en vergelijkende anatomie.

Hopstock had misschien kunnen toevoegen dat niemand voor of na hem 'de schat aan anatomische details' had getoond met zoveel eerbied voor het leven als Leonardo, of dat nu menselijk of dierlijk leven was. Het heelal, de aarde en elk levend wezen vielen binnen zijn aandachtsveld, en hij was zich steeds bewust van de onderlinge verhoudingen. Overal in zijn onderzoeken is niet alleen een dorst naar kennis te bespeuren, maar ook een verlangen dat zijn kennis de mensheid ooit tot nut zal zijn. Zijn gereserveerdheid ten opzichte van ontledingen werd weggenomen door de zekerheid dat ze een hoger doel dienden, een doel waarin hij niets dan goeds zag. Wie weet waarom Leonardo, die uitsluitend antwoorden zocht in waarneembare en kenbare dingen, op dit punt besloot de natuur te eren via de Godheid? Hij schreef:

Jij, die de machine van de mens onderzoekt, wees niet verdrietig omdat je kennis vergaart via de dood van een ander levend wezen. Verheug je erover dat onze Schepper het vermogen om te kennen aan zo'n volmaakt instrument heeft gegeven.

# Bibliografische aantekening

De paar teksten die 'verplichte kost' zijn voor Leonardo-onderzoekers, bevatten maar weinig verifieerbare feiten. Het zijn drie korte teksten, waarin de schrijvers elk een eigen benadering van Leonardo hebben gegeven: Giorgio Vasari (in: *Le Vite de' piu eccelenti Pittori, Scultori, e Architettori* [Florence, 1568])[1], Walter Pater (*The Renaissance: Studies in Art and Poetry* [Londen: Macmillan, 1917]) en Kenneth Clark (*Leonardo da Vinci: An Account of His Development as an Artist* [Cambridge, Engeland: Cambridge University Press, 1952]). Deze auteurs hebben begrepen dat ze de grote rijkdom van Leonardo's denken alleen konden interpreteren als ze ook zijn geest zouden proberen te doorgronden; ieder van hen heeft dat op zijn eigen bewonderenswaardige wijze gedaan.

1   *Lives of the Most Eminent Painters, Sculptors and Architects*, ingekort door G. duc DeVere, uitgegeven door R. N. Linscott (Londen: Medici Society, 1959). Recentelijk zijn er twee vertalingen in het Nederlands verschenen. *De levens van de kunstenaars 1* (Amsterdam: Pandora, 1990, 1995) en *De levens van de grootste schilders, beeldhouwers en architecten* (Amsterdam: Contact, 1998). Er is een Engelstalige website aan dit boek gewijd met fragmenten uit de tekst en veel afbeeldingen van Leonardo, waaronder een aantal anatomische tekeningen: http://easyweb.easynet.co.uk/giorgio.vasari/. Het boek *Leonardo da Vinci* van Ludwig Goldscheider (Zeist: De Haan, 1959) bevat ook een vertaling van Vasari's levensbeschrijving van Leonardo (noot vert.).

Deze drie grote schrijvers hebben mijlpalen opgesteld langs de weg van het Leonardo-onderzoek. Wie deze mijlpalen is gepasseerd, komt op het terrein van meer aardse zaken als feiten, plaatsen, data en objectieve bijdragen. Ook hier zijn er drie aanbevelenswaardige teksten. Twee daarvan geven een levensbeschrijving van Leonardo; ze bevatten, in tegenstelling tot bijvoorbeeld de werken van Clark of Pater, weinig interpretatie maar wel veel informatie en commentaren. Het eerste boek is *The Mind of Leonardo da Vinci* (Londen: Jonathan Cape, 1928) van Edward McCurdy, een ideaal uitgangspunt voor iedereen die zich wil verdiepen in de historische achtergrond van Leonardo's prestaties. Het andere boek is *The World of Leonardo da Vinci* van Ivor Hart (Londen: MacDonald, 1961), dat zich vooral richt op de aspecten van Leonardo's leven die te maken hebben met techniek en mechanica.

De derde aanbevolen tekst is *Leonardo da Vinci* (New York: Barnes and Noble, 1997), een in meer opzichten groot werk van een aantal Italiaanse geleerden, die allen vanuit hun eigen specialisme een bijdrage over Leonardo hebben geschreven. Het boek is oorspronkelijk in 1938 uitgegeven door het Instituto Geografico de Agostini bij gelegenheid van een tentoonstelling in Milaan in datzelfde jaar. De bedoeling was om alle wetenschappelijke kennis over Leonardo, inclusief reproducties van machines, ontwerpen en manuscripten, bij elkaar te brengen. Hoewel het project niet met succes kon worden afgerond vanwege het uitbreken van de Tweede Wereldoorlog, leverde het wel dit gezaghebbende en prachtige boek op, dat Leonardo vanuit elk denkbaar gezichtspunt onder de loep neemt. Het boek is in het Engels vertaald en voor het eerst in 1956 in de Verenigde Staten uitgegeven, inclusief de fantastisch gedrukte reproducties. Een van de waardevolste onderdelen van het boek is de uitgebreide bibliografie met bronnen van vóór 1938, die voor moderne lezers anders niet meer toegankelijk zouden zijn.

Ladislao Reti heeft een boek in ongeveer dezelfde stijl uitgegeven onder de provocerende titel *The Unknown Leonardo* (New York: McGraw-Hill, 1974)². Reti heeft een internationale groep Leonardo-kenners bij elkaar gebracht om de Madrileense codices te becommentariëren. Het project resulteerde in een prachtig boek dat tegelijkertijd een wetenschappelijke uitgave, een intellectueel avontuur, een literair genot en een feest voor het oog is.

Ieder jaar verschijnen er wel nieuwe biografieën en commentaren over Leonardo. Alleen al de laatste vijftien jaar zijn er wereldwijd zo'n honderd boeken verschenen. Zeer prikkelend en interessant zijn bijvoorbeeld *Inventing Leonardo* van Richard Turner (Berkeley, CA: University of California Press, 1992), *Leonardo: The Artist and the Man* van Serge Bramly (New York: Penguin, 1994) en het unieke *Fortune is a River: Leonardo da Vinci and Niccolò Machiavelli's Magnificent Dream to Change the Course of Florentine History* van Roger Master (New York: Free Press, 1998).³

Leonardo's eigen manuscripten zijn pas vanaf 1870 systematisch bestudeerd. De eerste uitgave in facsimile en transcriptie is van 1881. Een van de standaarduitgaven is *The Literary Works of Leonardo da Vinci* van Jean Paul Richter uit 1883. Dit boek is sindsdien herhaaldelijk opnieuw uitgege-

---

2 In het Nederlands vertaald en uitgegeven onder de titel *Leonardo da Vinci* (Utrecht: Spectrum, 1974) (noot vert.).

3 Een overzicht van en commentaar op Leonardo's schilderkunst is geschreven door Pietro C. Marani: *Leonardo da Vinci: complete catalogus van het geschilderde werk* (Amsterdam, Meulenhoff 1992). Enkele monografieën die in Nederlandse vertaling zijn verschenen: *Leonardo, kunstenaar, uitvinder en wetenschapper* van Maria Costatino (Alphen aan de Rijn: Atrium, 1994) en *Leonardo, de cultuur van de Renaissance in Italië* van Serge Bramly (Baarn: Anthos, 1990) (noot vert.).

ven, onder andere als uitstekende paperbackeditie in twee delen onder de meer toepasselijke titel *The Notebooks of Leonardo da Vinci* (Dover Publications, 1970).[4]

Het deel van Leonardo's geschriften dat verreweg het fraaist is uitgegeven, is de verzameling anatomische aantekeningen uit Windsor Castle. Onder redactie van Kenneth Keele en Carlo Pedretti, hoogleraar kunstgeschiedenis aan de universiteit van Los Angeles, heeft Harcourt, Brace Jovanovich in 1979 het driedelige *Leonardo da Vinci: Corpus of the Anatomical Studies in the Collection of Her Majesty the Queen at Windsor Castle* uitgegeven. Twee delen zijn boeken met de manuscriptpagina's, en het derde deel is een doos waarin een grote collectie losse tekeningen is opgenomen.[5]

Kenneth Keele heeft op de terreinen van wetenschap en in het bijzonder anatomie een enorme bijdrage geleverd aan het Leonardo-onderzoek. Vooral vermeldenswaard zijn *Leonardo da Vinci on the Movement of the Heart and Blood* (Londen: Lippincott, 1952), *Leonardo da Vinci and the Art of Science* (Hore, Sussex, Engeland: Priory Press, 1977) en *Leonardo da Vinci's Elements of the Science of Man* (New York: Academic Press, 1983). Ik heb veelvuldig gebruikgemaakt van Keele's werk, inclusief zijn talloze tijdschriftartikelen.

Deze biografie richt zich vooral op Leonardo's anatomisch onderzoek. Ook op dit specifieke terrein zijn in de li-

4  In de Nederlandse taal is onder meer een verzameling aforismen gepubliceerd onder de titel *Gedachten* (Amsterdam: Corvey, 1966). Theoretische beschouwingen over schilderkunst zijn gepubliceerd onder de titel *Paragone* (Meppel: Boom, 1996) (noot vert.).

5  Ook de Leicestercollectie is uitgegeven. Naast facsimile's van alle pagina's bevat de uitgave een begeleidend commentaar van Carlo Pedretti en een inleiding van Michael Desmond: *Leonardo: The Codex Leicester – Notebook of a Genius* (Sydney: Powerhous Museum, 2000) (noot vert.).

teratuur veel pareltjes te vinden. Het standaardwerk is toch wel *Leonardo da Vinci the Anatomist* van J. Playfair McMurrich (Carnegie Institution, 1930). Andere belangrijke werken zijn *Leonardo da Vinci on the Human Body* van Charles O'Malley en J.B. de C.M. Saunders (New York: Henry Schuman, 1952) en *Leonardo the Anatomist* van Elmer Belt (Lawrence, KS: University of Kansas Press, 1955).

Ten slotte heb ik veel inzichten opgedaan uit twee monografieën die via de moderne elektronische methoden niet te vinden zijn. Een daarvan concentreerde zich op de persoon zelf, de ander op zijn anatomische studies. De eerste is 'Leonardo da Vinci', de British Academy's Fourth Annual Lecture on a Mastermind, op 11 juni 1922 gehouden door C.J. Holmes, directeur van de National Gallery. De tweede monografie is een essay dat gepubliceerd is in *Studies in the History and Method of Science* van Charles Singer (1921). De auteur is de Noor H. Hopstock, die zo in vergetelheid is geraakt dat ik zijn voornaam zelfs via Internet niet heb weten te achterhalen. Hoe zijn voornaam ook luidde – misschien wel Haakon of Hajo – Hopstock is een van die vele wetenschappers die ons de mogelijkheden van de menselijke geest beter hebben doen begrijpen door een man te bestuderen wiens naam synoniem is geworden met genialiteit.

# Index op personen